Toda la BIBLIA en un año

PREADOLESCENTES

¡50 LECCIONES
DE GÉNESIS A APOCALIPSIS!

Toda la BIBLIA en un año

PARA

PREADOLESCENTES

¡50 LECCIONES
DE GÉNESIS A APOCALIPSIS!

CON RECURSOS ONLINE

e625.com

HOWARD ANDRUEJOL

VALERIA LEYS

e625.com

Toda la Biblia en un año para preadolescentes
Howard Andruejol, Valeria Leys
Publicada por especialidades625® © 2017
Dallas, Texas - Estados Unidos de América.

ISBN: 978-0-9983051-3-4

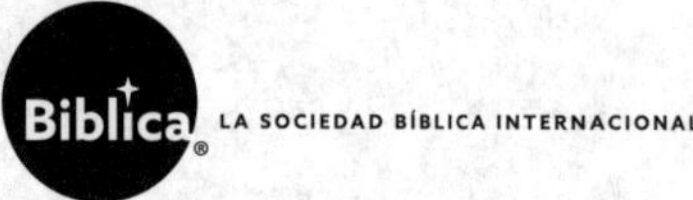

Editado por: Marcelo Mataloni
Colaboradores: Diego Solís Moraga, Priscila Righi, Nicolás Novello, Elizabeth Calderón, Daniela Bomendre, María Jimena Catalina y Florencia Fernández
Diseño de portada e interior: Creatorstudio.net

CONTENIDO

"La Escritura entera es inspirada por Dios y es útil"

2 Timoteo 3:16 (NBV)

Estamos muy felices de poner en tus manos esta serie de lecciones de toda la Biblia. Estudiar esta serie será un recorrido fascinante por la biblioteca de 66 tomos que te permite conocer el carácter de Dios, su obra perfecta y sus preciosas expectativas hacia nosotros.

Hoy en día, muchas iglesias han desarrollado el hábito dañino de la lectura fragmentada del texto bíblico. Si prestas atención, notarás que tanto en las clases, grupos pequeños, predicaciones, devocionales o planes de lectura diaria por lo general se leen porciones aisladas de la Biblia. En sí, no es que esto esté mal sino que genera el hábito de solamente leerla así, lo cual invita a los textos sueltos como *snacks* o incluso como si fueran frases de un horóscopo. En cambio, profundizar en una historia completa y detenernos a observar los detalles para su aplicación nos ayuda a que luego tengamos la seguridad de que estamos entendiendo mejor esos textos sueltos.

Haz el ejercicio. Pregúntale a diez cristianos, de cualquier edad, algo tan sencillo como *"¿De qué se trata la Biblia?"* y obtendrás doce respuestas diferentes. Pídeles que te expliquen cómo se relacionan el Antiguo y el Nuevo Testamento y posiblemente algunos comenzarán a titubear. Si quieres ir un poco más allá, diles que te expliquen de qué se trata el libro de Adbías y cómo se relaciona con el resto de la Biblia y con nosotros hoy.

Estas no pueden ser preguntas que solamente los seminaristas o pastores pueden responder, sino que todos los creyentes necesitamos comprenderlas, y por eso este material es tan importante.

La razón es muy sencilla. Imaginemos por un momento un rompecabezas; quizás pensemos en uno que consideraríamos difícil de armar. ¿Mil piezas? ¿Mil quinientas? Te propongo que tomemos uno de dos mil y hagamos el siguiente experimento: tomaré la caja del rompecabezas y esconderé la tapa que contiene la imagen;

luego te pediré que metas tu mano y que de forma aleatoria tomes tan solo diez piezas. Ahora viene la parte interesante: ¿qué tal si te pregunto cuál crees que es la figura de la tapa del rompecabezas? ¿Crees que es posible saberlo? ¡Por supuesto que no! Podrías inventar algo, pero ciertamente no vas a adivinar la figura como tal.

Hemos preguntado en muchas iglesias por todo el continente cuáles son los textos bíblicos más famosos y conocidos. Sin equivocación, en todas las ciudades donde hacemos el ejercicio responden los mismos diez versículos. Sí, tan solo diez. Es decir, parece que nuestras nuevas generaciones están creciendo con diez de las 31 130 piezas del rompecabezas bíblico y pretendemos que solo con esas tengan una imagen clara del carácter de Dios, su obra perfecta y su expectativa hacia nosotros. Imposible. Tendrán, sin lugar a dudas, una imagen falsa, incompleta, distorsionada, desfigurada.

Así como es importante apreciar el fino detalle de cada pieza del rompecabezas, es indispensable ver el cuadro completo. De eso se tratan estas lecciones.

Hemos preparado este manual como un recorrido cronológico (en la medida de lo posible) de la revelación de Dios, desde Génesis hasta Apocalipsis. Nuestro anhelo es que, al tener un panorama de los libros bíblicos, tus alumnos experimenten dos reacciones.

La primera, es que puedan decir: "¡Ahora entiendo de qué se trata este libro!". Cada lección será efectiva en la medida en que cada uno de los participantes tenga una mejor comprensión del contenido y propósito de los tomos de la Biblia.

Como verás, ya que esta aventura está diseñada para un año de lecciones, no es posible incluir los sesenta y seis libros en cincuenta de ellas. Ha sido una decisión difícil comprimir, resumir u omitir; es más, ¡estamos convencidos de que solo Génesis debería tomarnos cincuenta semanas! Nos tranquiliza saber que estamos construyendo una base sólida y que luego seguiremos edificando con estudios específicos de libros, y es por eso que esperamos la siguiente reacción también.

En segundo lugar, al conocer mejor este cuadro general deseamos que sean motivados a ver los detalles: si ellos pueden conectar cada libro de la Biblia con la figura completa del rompecabezas, será más fácil que cada capítulo tenga sentido. Queremos formar lectores devotos del texto bíblico, estudiosos de la Palabra de Dios. Acompáñalos en este recorrido, ayúdalos a explorar la riqueza de cada pasaje. Toma el tiempo para diseñar series sobre libros específicos de la Biblia pasaje por pasaje o biografías completas de personajes.

Además de considerar las características madurativas y contextuales de cada edad, en esta serie hemos escogido un lente con el cual ver los libros bíblicos, y con ello subrayamos los grandes temas teológicos y antropológicos de la Biblia.

Cada tomo es único y complementario. Quienes atraviesen el recorrido por estos cuatro libros ¡ciertamente tendrán una idea clara sobre de qué se trata la Biblia!

El tomo para niños está desarrollado alrededor de una identidad fuera de este mundo. El recorrido bíblico enfocará la revelación progresiva del carácter de Dios. ¿Quién es Él? ¿Cómo se presenta al ser humano? Conocer a Dios nos permite conocer también nuestra propia identidad: ¿cuál es nuestra condición natural? ¿Cómo se manifiesta esta identidad en la conducta? Necesitamos ser rescatados de esta condición, siendo nuestra única esperanza Cristo Jesús. Recibirlo como Señor y Salvador nos regenera. ¿Quiénes somos ahora en Cristo? ¿Cómo se evidencia esa transformación en nuestra conducta?

El tomo para preadolescentes se concentra en una relación incondicional y eterna. El recorrido bíblico enfocará la iniciativa de Dios para relacionarse con el ser humano y destacará el obstáculo invencible para el hombre del pecado y la victoria definitiva de Cristo. El énfasis está en la fidelidad de Dios para con el hombre —a pesar de nuestra infidelidad— y la cercanía que nos permite únicamente por medio de Cristo. ¿Qué caracteriza a la relación de Dios con nosotros? ¿Qué debo hacer para vivir esa relación hoy?

El tomo para adolescentes enfoca las decisiones cruciales. El recorrido bíblico se enfocará en la expectativa de Dios, dada nuestra nueva identidad, de una vida de acuerdo con su carácter. Se estudiará la perspectiva divina para tomar decisiones correctas en cada faceta de la vida, el propósito de la santidad y las nefastas consecuencias de la desobediencia. El evangelio no está centrado en nuestra conducta, pero dada la gracia de Dios, glorificarlo es nuestra mejor respuesta.

El tomo para universitarios es misional. El recorrido bíblico enfocará la misión de Dios que busca redimir al ser humano. Se pondrá especial atención a cómo Dios ha tenido un plan para el ser humano en cada momento y cómo lo cumplirá hasta el fin. La salvación está disponible para todos: nuestra nueva identidad nos envía a explicar este evangelio a toda persona, hasta el lugar más remoto del planeta. Este es nuestro verdadero propósito de vida: vivir en misión aquí y allá, y ahora.

En nuestro sitio web **www.e625.com** encontrarás material suplementario para las lecciones. Nuestro objetivo es que las conversaciones que surjan en cada lección sean teológicamente profundas y didácticamente creativas.

Por supuesto, todo esto ha sido el trabajo de un gran equipo de personas involucradas en el diseño curricular e instruccional. Al escuchar la idea, muchos amigos se sumaron con entusiasmo a este proyecto. ¡A cada uno de ellos, gracias por invertir en la formación bíblica de nuestras nuevas generaciones!

Llevémoslos a conocer todo el rompecabezas, a tener una imagen bíblica de la persona de Dios, a entender su plan eterno y la respuesta que Él espera de cada uno de nosotros.

¡Aprendamos juntos!

Howard Andruejol y Lucas Leys
Editores generales

Lección 1 >
¿POR QUÉ ES IMPORTANTE EL ESTUDIO DE TODA LA BIBLIA?

Aunque la Biblia tiene la apariencia de un libro, en realidad es una colección de libros escrita por una serie de diversos autores: biblistas o expertos en los escritos antiguos y en historia han recopilado y traducido a muchos idiomas los sesenta y seis libros que hoy componen esta colección que llamamos *Biblia*.

La Biblia puede verse como un libro común, pero no lo es; fue escrita por autores comunes pero sobre hechos extraordinarios porque Dios mismo es la fuente de la sabiduría e inspiración de todo lo que en ella fue escrito. Por eso, muchas veces nos referimos a la Biblia como *"la Palabra de Dios"*.

Hay varias razones por las cuales es muy importante que estudiemos la Biblia (y toda la Biblia), porque es mucho más que un libro de historia; ella nos muestra a Dios revelándose a sí mismo al hombre. Es el libro acerca de sí mismo, acerca de cómo es Dios y de cómo podemos conocerlo a Él, a sus intenciones y a su propósito para con nosotros. Es la historia de la relación entre Dios y los seres humanos a quienes Él creó.

Nota: Los preadolescentes se encuentran en una transición de cambio en su estructura mental, están pasando de un pensamiento lineal y concreto a un pensamiento abstracto y fluctuante. Como líderes debemos ayudarlos a fortalecer su proceso de pensamiento basándonos en ejemplos y otros elementos concretos, llevándolos de a poco a las comparaciones y diferentes escenarios posibles en el aprendizaje de cada historia y libro de la Biblia. Por eso, te aconsejo que puedas tener gráficos fijos o portátiles en tu salón para que cada clase puedas hacer mención de la estructura de la Biblia y del tiempo en el que sucede cada hecho (en nuestra página web te proveemos de ejemplos para que puedas reproducir).

Bienvenida y preguntas de introducción al tema (10')

Antes de comenzar la lección y después de saludar a tus preadolescentes, toma tres minutos para hacer tres preguntas no personales, para que nadie se sienta intimidado (puede ser a toda la clase o puedes elegir a uno que sepas que se siente cómodo respondiendo delante de todos).

1. ¿Para qué sirven los libros?
2. ¿Qué tipo de libros te gusta leer? ¿Cuál es tu libro favorito?
3. ¿Qué libros crees que es importante poder llegar a leer?

Las historias de la Biblia nos animan y nos llenan de fe, sabiendo que las maravillas que Dios hizo con gente común y corriente en la antigüedad puede hacerlas hoy también con nosotros. Aunque la Biblia fue escrita hace miles de años atrás, sigue siendo el mensaje de Dios para nosotros hoy en día y su verdad todavía tiene poder para hacer de cada uno de nosotros alguien especial. Cuando la leemos y estudiamos nos conectamos con los pensamientos de Dios.

Literatura: de aburrido a fascinante (20')

Ve a la biblioteca pública de tu ciudad (si no eres un usuario regular, es una buena oportunidad para comenzar a serlo). Pide ayuda al bibliotecario (seguro le gustará hacerlo) para que te dé libros de las siguientes categorías:

Aventura: *Narnia, El señor de los anillos, Harry Potter* (asegúrate de que no sean controversiales en tu iglesia).
Poesía: algún autor nacional conocido, o un autor latino como García Márquez.
Mitología: Hércules, Zeus o algún otro personaje de mitología.
Biografía: algún personaje histórico de tu país, un presidente, un artista, etc.
Epístolas o cartas: muchas veces se coleccionan cartas románticas en tiempos de guerra o de políticos u otros personajes destacados.
Fábulas: historias cortas, en general de cosas inanimadas con características humanas.
Tratados: estudios de temas puntuales (los hay de Aristóteles, Tomás de Aquino, etc.) o estudios de medicina, de las estrellas, etc.
Crónicas: son hechos históricos en orden cronológico.
Ensayos: alguno parecido a *El escritor y sus fantasmas*, de Ernesto Sábato.
Cuentos: *La Cenicienta, Pulgarcito, El principito*, etc.

La idea es que puedas tener tantos tipos de géneros literarios como puedas y que sean interesantes. Puedes llevar también cuentos de niños, diarios impresos, revistas de moda o de diferentes intereses, cómics, novelas románticas, etc. ¡No necesitas comprar nada de esto! Las bibliotecas públicas tienen de todo.

Una vez que estés en la clase, toma todo este material y ponlo en una mesa grande en el medio del salón. Deja que los chicos revisen todos los libros y revistas, que los mezclen, que los miren bien, y luego pregunta:

- ¿Qué tipo de libros ven aquí?
- ¿Cuál te llamó más la atención y por qué?

Entonces saca una Biblia y diles: "Aunque la Biblia tiene la apariencia de un libro, en realidad es una colección de libros escrita por una serie de diversos autores. La Biblia se divide de esta manera…"

Descarga el apartado *Complementario* **desde** www.e625.com/lecciones **donde encontrarás las hojas de** *¿Por qué es tan importante el estudio de toda la Biblia?* **para mostrarles los libros de la Biblia.**

Antiguo Testamento: formado por **39 libros.**
Nuevo Testamento: formado por **27 libros.**

Los libros del **Antiguo Testamento** se dividen en cinco secciones y estilos:

El Pentateuco (cinco libros): Génesis, Éxodo, Levítico, Números y Deuteronomio (la Ley de Moisés).
Libros históricos (doce libros): Josué, Jueces, Rut, 1 y 2 Samuel, 1 y 2 Reyes, 1 y 2 Crónicas, Esdras, Nehemías y Ester.
Libros poéticos o de sabiduría (cinco libros): Job, Salmos, Proverbios, Eclesiastés y Cantares.
Libros de los profetas mayores —llamados así por ser más extensos— (cinco libros): Isaías, Jeremías, Lamentaciones, Ezequiel y Daniel.
Libros de los profetas menores —llamados así por ser más cortos— (doce libros): Oseas, Joel, Amós, Abdías, Jonás, Miqueas, Nahúm, Habacuc, Sofonías, Hageo, Zacarías y Malaquías.

(esta estructura es fácil de memorizar: 5/12/5/5/12).

Los libros del **Nuevo Testamento** se dividen en cuatro secciones:

Los Evangelios: Mateo, Marcos, Lucas y Juan.
Libro histórico: Hechos de los Apóstoles.
Epístolas:
1- Las trece cartas de Pablo:
-Escritas durante los viajes: Romanos, 1 y 2 Corintios, Gálatas, 1 y 2 Tesalonicenses.
-Escritas desde la prisión: Efesios, Filipenses, Colosenses y Filemón.
-Cartas pastorales: 1 y 2 Timoteo, Tito (algunos también agregarían Hebreos).
2- Epístolas generales: Santiago, 1 y 2 Pedro, 1, 2 y 3 Juan y Judas.
Libro profético: el Apocalipsis de Juan.

La Biblia nos da respuestas a preguntas de todos los días: cómo comenzó el universo, cómo tomar buenas decisiones, cómo tener paz cuando estamos en problemas, cómo enfrentar los cambios y, especialmente, ¡cómo vivir una vida que vale la pena! Muchos piensan en la Biblia como un manual de instrucciones: somos creación de Dios y la Biblia es una especie de manual que nos ayudará a funcionar a nuestro máximo potencial.

No podemos leer solo una parte de la Biblia. Sería como ver solo algunos pedacitos de una película o solo un capítulo de una serie. Sería divertido pero no entenderíamos de dónde viene y adónde va; nos quedaríamos con la mitad o con una parte de todo lo que Dios quiere contarnos.

Descarga el apartado *Complementario* **desde** *www.e625.com/lecciones* **donde encontrarás las hojas de** *El estudio de toda la Biblia es tan importante porque...* **Revisen rápidamente cada uno de los puntos en el cuadro y pregunta a los pre cuál creen que es el más importante y por qué.**

Láminas para recordar (5')

Haz de los siguientes versículos unas láminas que puedas poner en algún lado visible, que puedan leer siempre y se graben en su corazón. Muéstraselas y léelas en voz alta.

Ayúdame a entender el significado de tus mandamientos, y meditaré en tus maravillas (Salmos 119:27)

Tu palabra es una lámpara a mis pies, y una luz en mi sendero (Salmos 119:105)

¿Qué significa *meditar*?

Meditar es pensar en lo que leemos para que podamos encontrar el significado y lo apliquemos a nuestra vida. La palabra del Señor es la que nos guía, nos da fortaleza en sus promesas, nos enseña la verdad, nos cuenta quién es Dios, nos alienta cuando nos sentimos desalentados, nos da fe y nos enseña a vivir una vida conforme al propósito de quien nos creó; pero para conocer todas estas cosas necesitamos leerla y estudiarla, y al hacerlo nos daremos cuenta de que, aunque fue escrita hace miles de años atrás, todavía hoy podemos identificarnos y aprender de ella.

Señalador (15')

Entrégales a tus preadolescentes materiales para preparar un señalador con el siguiente salmo. Puedes preparar tiras de cartulina con un agujerito en el borde y una cintita o pedacito de lana.

Puedes llevar todo lo que esté a tu alcance para que lo decoren (puedes pedirles a algunos padres que te ayuden con el material). Luego imprime un salmo para cada uno, para que puedan pegarlo en los señaladores.

Salmo 119:9-16
¿Cómo puede mantenerse íntegro el joven?,
viviendo conforme a tu palabra.
Me he esforzado cuanto he podido por hallarte:
no permitas que me desvíe de tus mandamientos.
He atesorado tu palabra en mi corazón, para no pecar contra ti.
Bendito Señor, enséñame tus normas.
He repetido en voz alta todas tus leyes,
y en ellas me he regocijado más que en las riquezas.
En ellas meditaré y las acataré plenamente.
Me deleitaré en tus normas y no olvidaré tu palabra.

Cierra con una oración pidiéndole al Señor que en todos los estudios que vienen Él sea quien les revele su verdad y quien encienda el Espíritu en tus alumnos, para que juntos puedan descubrir los secretos y planes de Dios.

Descarga las lecturas diarias *En familia* desde *www.e625.com/lecciones*

Lección 2 > GÉNESIS

La palabra *Génesis* significa "comienzo" o "principio" y justamente en el libro de Génesis se habla de muchos comienzos: el comienzo del universo, el comienzo de la humanidad, el comienzo del pecado y del sufrimiento, pero también el comienzo de una nación y el comienzo del plan de Dios para rescatar a la humanidad. Como todo buen comienzo de una gran historia, los personajes principales aparecen en escena con gran despliegue:

- Dios, haciendo que todo suceda en la creación del universo y de la humanidad con un despliegue de poder y gloria.
- Satanás, tratando de arruinarlo todo, hace su aparición desde el capítulo tres y lo vemos metido en la historia una y otra vez hasta Apocalipsis.
- La primera familia de la Biblia: Adán, Eva, Caín y Abel.
- Y otros personajes importantes que aparecen en este primer libro como: Noé, Abraham y Sara, Isaac, Jacob y sus hijos, para finalizar con la muerte de José en Egipto.

Génesis trata asuntos que van mucho más allá del reino y la ciencia. El autor (creemos que es Moisés) intenta acercarnos al Dios eterno, revelando su sagrada existencia y su propósito para con nosotros.

Bienvenida y preguntas de introducción al tema (10' intentando que sean 5')

Antes de comenzar la lección y después de saludar a tus preadolescentes, toma tres minutos para hacer tres preguntas no personales, para que nadie se sienta intimidado (puede ser a toda la clase o puedes elegir a uno que sepas que se siente cómodo respondiendo delante de todos).

1. Si tuvieras que llevar a tres personas en un viaje por todo el país, ¿a quién llevarías?
2. Si pudieras ser el autor de algún invento, ¿cuál elegirías y por qué?
3. ¿Qué cualidad te impresiona más: *honestidad* (verdad a pesar de), *fidelidad* (permanecer a pesar de) o *misericordia* (aunque no lo merezca)? ¿Por qué?

El día de hoy empezaremos con el comienzo de todas las cosas, descubriremos el propósito de Dios al crear todo y especialmente a nosotros para ser sus compañeros de aventura y descubriremos algunas de sus cualidades más sobresalientes.

Dígalo con arte (20')

Una variante del viejo "Dígalo con mímica" que divertirá mucho a los preadolescentes. Divide a tu grupo en cuatro subgrupos de la siguiente manera: ten preparada una bolsa y piloncitos de cuatro diferentes nombres de animales. Una vez que sepas el número de participantes de ese día, coloca cantidades iguales de cada uno dentro de la bolsa, revuelve y deja que cada uno escoja un papel. Rápidamente deben agruparse por animal, y esos serán tus cuatro equipos (nunca fuerces a nadie a ser parte de un grupo, especialmente si son nuevos o están de visita). Si los equipos son demasiado desparejos envía a uno de los líderes a que sea parte de ese grupo. Puede ser un padre o voluntario que pueda apoyarte con la actividad.

Necesitarás una pizarra y una tiza (o papeles en blanco y marcadores), masa (arcilla, plastilina, etc.), tres tarjetas (una con la palabra "mímica", otra con la palabra "escultura" y la tercera con la palabra "dibujo"), y por último, una bolsa con papelitos con palabras para que los equipos representen y adivinen: animales, objetos de la naturaleza, elementos de la creación (bote, rinoceronte, etc.). Si te resulta muy fácil, puedes agregar una bolsa con adjetivos calificativos (alegre, deprimido, saltarín, etc.) y le darás un vuelco de risa al juego.

Cuando toque "escultura", no utilices los adjetivos porque les llevará demasiado tiempo. Solo tendrán 30-40" para representarlo (para la escultura serán 60").

La cantidad de equipos dependerá del tamaño del grupo (aconsejamos no más de cuatro equipos). Si tu grupo es muy grande, puedes dividirlo en mujeres y hombres, hacer pasar al frente solo a un grupo reducido o que cada dos equipos haya un líder que guíe la actividad.

Una vez que tengas los grupos formados haz pasar al primer participante, quien escogerá (sin mirar) una de las tres tarjetas para determinar *cómo* deberá hacerlo (mímica, escultura o dibujo) y se la muestra a su equipo. Luego, también sin mirar, tomará de la bolsa lo que tiene que representar (objeto de la creación), y si deseas puedes agregar un *adjetivo calificativo* para dicho objeto. Entonces, puede ser que le toque "dibujo", "oso" y "saltarín", o "mímica", "mono" y "enamorado". ¡Las posibilidades son infinitamente delirantes! (solo recuerda que para la escultura es más fácil si solo escogen de la primera bolsa). Luego siéntate, enciende la cámara y disfruta de la imaginación de tus preadolescentes.

Luego del juego y mientras regresan a sus asientos, puedes pasar una canción o video acerca de la creación (por ejemplo, puedes buscar en YouTube el video *"El Génesis / En el principio... La Creación"*, publicado por Juan Lacueva).

Repaso del libro (20')

Los preadolescentes que están en la iglesia desde hace tiempo, pondrán cara de "¿otra vez?" cuando escuchen que hablarás del Génesis, pero esta vez no vamos a contar la historia de Adán y Eva o de Moisés y el diluvio, sino que vamos a ver un pantallazo general de todo el Génesis y vamos a desafiarlos a recordar las historias que aprendieron de pequeños. Para quienes nunca antes hayan estado en la escuela dominical será divertido, los pondrá en órbita y, aunque no se aprendan todas las historias, sabrán de qué se trata el libro de Génesis cuando vuelvan a escucharlo.

Toma el resumen del comienzo de la lección. Imprime o haz recuadros con las palabras principales que constituyen el hilo de la historia (o dibujos o imágenes que la representen) y que ayuden a tus preadolescentes a prestar atención. Haz preguntas y pausas para que puedan poner en funcionamiento el cerebro; si no responden rápido, hazlo tú y continúa con el relato.

COMIENZO - UNIVERSO - HUMANIDAD - PECADO - SUFRIMIENTO - PLAN - DIOS - SATANÁS - EGIPTO

La palabra Génesis significa "COMIENZO" o "principio" y justamente en el libro de Génesis se habla de muchos comienzos: El comienzo del UNIVERSO, el comienzo de la HUMANIDAD, el comienzo del PECADO y del SUFRIMIENTO, pero también el comienzo de una nación y el comienzo del PLAN de Dios para rescatar a la humanidad. Como todo buen comienzo de una gran historia, los personajes principales aparecen en escena con gran despliegue: DIOS, haciendo que todo suceda en la creación del universo y en la humanidad con un despliegue de poder y gloria, y SATANÁS, tratando de arruinarlo todo, hace su aparición desde el capítulo tres y lo vemos metido en la historia una y otra vez hasta Apocalipsis (y todavía en la actualidad). Génesis nos cuenta sobre la primera familia de la Biblia: Adán, Eva, Caín y Abel, y también acerca del primer gran desastre natural, con Noé y el diluvio. En Génesis hay un montón de "por primera vez" en la historia de la humanidad, para finalizar el libro con la muerte de un tal José en EGIPTO, pero a alguno de los personajes más importantes los conoceremos con la siguiente actividad.

Las historias más importantes

Utiliza los mismos grupos en los que ya estaban divididos al comienzo. Cada equipo recibirá el nombre de uno de los patriarcas y las citas bíblicas apropiadas, y deberá crear una lámina con todo acerca del personaje, familia, trabajo y elementos importantes de la historia (por ejemplo, para Abraham sería un altar con una oveja, etc.).

Grupo 1 - Abraham: la promesa de lo imposible (Gn 12:1-5; 15:1-6; 18:1, 9-14; 21:1-7)
Grupo 2 - Isaac: la obediencia trae bendición (Gn 22:1-12; 25:19-26)
Grupo 3 - Jacob: el poder de la bendición (Gn 26:34; 27:33; 30:22-24)
Grupo 4 - José: la integridad y el perdón (Gn 37:3-11, 37:23-28; 39:1-5; 42:6-10; 45:1-9)

Tienen diez minutos para leer, recortar, pegar y armar la historia. Todos deben mostrar su trabajo, y durante el cierre debes ir mostrando lo que ha hecho cada grupo como si fuera una exposición de arte.

Cierre (5')

Dios se revela de muchas maneras a través de toda la Biblia; algunas historias parecen algo raras o inexplicables, pero en todas ellas Dios nos muestra su carácter y su deseo es que podamos conocerlo de tal manera que sepamos reconocerlo trabajando en nuestra vida hoy.

En Génesis:
Dios se revela en la creación: revela su amor al crearnos y su interés por relacionarse con nosotros como un padre.

Dios es fiel y siempre cumple sus promesas: Abraham era viejo, pero le cree a Dios y Él cumple sus promesas. Aunque Abraham no es quien tiene millares de hijos, con él comienza la historia de una nación.
Dios muestra su gracia: Abraham le creyó a Dios y le obedeció a pesar de su difícil pedido. Dios quería mostrar su gracia con Abraham e Isaac, pero para ello necesitaba entrega y fe de su parte.

Dios es misericordioso: José se mantuvo fiel a Dios y siempre se esforzó por ser el mejor, aun en las peores situaciones. Dios tuvo misericordia de José y lo bendijo en todo lo que hizo, y José reconoció la misericordia de Dios y pudo ser misericordioso con sus hermanos.

Descarga las lecturas diarias *En familia* **desde** *www.e625.com/lecciones*

Lección 3 > ÉXODO

La palabra *Éxodo* significa "salida" o "partida" y hace alusión a la salida de los hebreos de Egipto. Éxodo cuenta la historia de los israelitas, comenzando justo donde Génesis termina: el pueblo de Israel que había sido recibido por el Faraón en épocas de José, ahora se había transformado en un pueblo de esclavos, odiados por los gobernantes. El Faraón trata de controlar a este pueblo que se multiplica aceleradamente, pero Dios tiene un plan de rescate preparado con nombre y apellido: Moisés.

La liberación de Israel de las manos de los egipcios es solo el comienzo de un plan mucho mayor, un plan de redención, adopción y constitución de una nación escogida como el pueblo de Dios. Si bien prestaremos atención solo a los libros de Génesis, Éxodo y Levítico, los libros de Números y Deuteronomio forman parte de las normas y leyes que en esta lección estudiaremos. Échales un vistazo, lee sus estructuras y comprenderás que están ligadas entre sí y por esta razón a estos primeros cinco libros se los denominó el *Pentateuco* o "la Ley".

Bienvenida y preguntas de introducción al tema (10')

Antes de comenzar la lección y después de saludar a tus preadolescentes, toma tres minutos para hacer tres preguntas no personales, para que nadie se sienta intimidado (puede ser a toda la clase o puedes elegir a uno que sepas que se siente cómodo respondiendo delante de todos).

1. Si tuvieras que irte ahora mismo a otra ciudad u otro país con toda tu familia, ¿a dónde te gustaría ir y por qué?
2. Si tuvieras la oportunidad de construir una casa, ¿cómo sería? (habitaciones, salón de juegos, piscina, etc.)
3. Si fueras el dueño de la casa, ¿qué reglas pondrías?

Para contar la historia del éxodo, utilizaremos algunos alumnos que deberán actuar a medida que se relata la historia (escoge a quienes sabes que no tendrán vergüenza de actuar). Si quieres, puedes preparar carteles con el papel a protagonizar, y a medida que delegas los papeles van pegándoselos en el pecho. *Variante:* si no tienes demasiados alumnos, reemplázalos con dibujos. Recorta imágenes de personas de las revistas, vístelos como egipcios y judíos de la época, ¡y diviértanse haciendo voces!

Trata de no demorar y ser muy rápido para que los mantengas atentos e involucrados. Deben prestar atención al relato y actuar espontáneamente a medida que te escuchan.

Personajes:
Faraón: un líder
Moisés de bebé: un muñeco de bebé y cuna
Madre de Moisés
Hermana de Moisés
Hija de Faraón
Guardia
Moisés
Aarón
Séfora y sus hermanas
El pueblo de Israel: el resto de los alumnos

Relatos de un escape

A medida que vayas leyendo el relato, los personajes tienen que ir haciendo espontáneamente lo que tú dices. Haz silencios para que repitan la frase o que reaccionen a lo que tienen que hacer. ¡Deja que sean creativos! Recuerda hacerlo con vigor y rapidez.

Relato I (10')

Descarga el apartado *Complementario* **desde** www.e625.com/lecciones
donde encontrarás los textos de *Relatos de Éxodo.*

Las plagas de la confusión (5')

En el relato llegamos al punto en que Moisés le hizo caso a Dios pero Faraón se negó e hizo más difícil el trabajo de los judíos. Dios había prometido que los egipcios verían su poder y que por lo que Él haría dejarían ir a su pueblo. ¿Qué pasó? Dios tuvo que enviar diez plagas hasta que Faraón por fin dejó que los israelitas se fueran. *En una mesa coloca diez carteles con las diez plagas para cada equipo (cada cartel con un pedazo de cinta adhesiva en la parte de atrás). Un representante por equipo deberá pasar al frente y disponerse a ordenar las diez plagas en el orden que sucedieron, y el resto del equipo deberá ayudar a su representante con el orden correcto. En un minuto deberá pegar las diez plagas en la pizarra o pared en el orden que creen que es más acertado. El equipo que más acierte será el ganador.*

Relato II (5')

Descarga el apartado *Complementario* **desde** www.e625.com/lecciones
donde encontrarás los textos de *Relatos de Éxodo.*

Los diez mandamientos (5')

Una nueva oportunidad para jugar: ahora pide que pasen otros dos o más jugadores. De la misma manera que antes, ahora deben colocar en orden los diez mandamientos. Enviando a otro representante, todo el equipo lo ayudará a que en un minuto coloque la mayor cantidad de mandamientos en el orden correspondiente.

Relato III (5')

Descarga el apartado *Complementario* **desde** *www.e625.com/lecciones* **donde encontrarás los textos de** *Relatos de Éxodo***.**

Conclusión (10')

Esta es la historia de Dios y Moisés, pero también es la historia del comienzo de un pueblo escogido por Dios, que comenzó con los israelitas pero se perpetúa en nosotros, así que es también nuestra historia (6:7). Es la historia de un hombre que, aunque dudó muchas veces y le pedía a Dios que no fuera él quien liberara a Israel de Egipto, fue obediente y por eso pudo ser parte del gran plan de Dios para su pueblo (7:6), y Dios formó una relación de amistad con él (19:20; 24:1-2,12; 33:11).

En Génesis, Dios le promete a Abraham una descendencia tan grande como las estrellas o como la arena del mar, y en Éxodo lo que comenzó con un hombre termina con millones de judíos caminando a ocupar su propio territorio. **Dios cumple sus promesas (6:8).** Es la historia de un pueblo que, aunque fue infiel a Dios en muchas ocasiones, Él lo amó, lo escogió y quiso ser su Dios, un **Dios de misericordia**, que los vio sufrir y escuchó sus ruegos (3:7; 6:5-6). Las plagas fueron un despliegue de su poder (6:1; 14:4) para que no quedara duda de que era un Dios real (8:19), que no se comparaba con nada de lo que ellos habían visto hasta el momento, y los mandamientos fueron reglas para la convivencia entre la gente que formaría un nuevo pueblo. Dios nos ama más que nadie, y siempre sus consejos son de bien.

El Señor descendió en la nube y se puso junto a Moisés, luego le dio a conocer su nombre pasando delante de él, proclamó: "El Señor, el Señor, Dios clemente y compasivo, lento para la ira y grande en amor y fidelidad, que mantiene su amor hasta mil generaciones después, y que perdona la iniquidad, la rebelión y el pecado" (34:5-7, NVI).

Descarga las lecturas diarias *En familia* **desde** *www.e625.com/lecciones*

Lección 4 > LEVÍTICO

El libro de *Levítico* recibe su nombre porque hace referencia a todo lo perteneciente a los levitas, la tribu de Leví (uno de los doce hijos de Jacob) que tenía encargadas las tareas sacerdotales. El libro recibe este nombre porque se da un énfasis particular a las funciones sacerdotales para el acercamiento del hombre hacia Dios de una manera santa y reverente.

El libro de Éxodo culmina con la construcción del santuario y el libro de Levítico es el manual de instrucciones de cómo deben hacer uso del templo. Durante todo este período, el pueblo de Israel se mantuvo en un mismo lugar, aprendiendo a obedecer y a agradar a Dios; es una especie de código de santidad para poder entrar la presencia de Dios y adorarle. Las instrucciones de Levítico fueron reveladas por Dios a Moisés (quien también era de la tribu de Leví), y este libro nos muestra cuán meticuloso es Dios y cuán imperfectos somos los hombres.

Teniendo conocimiento de estas normas tan rígidas, podemos entender en mayor dimensión la obra maravillosa de Jesucristo en la cruz como sacrificio perfecto y eterno, por el cual hoy tenemos acceso directo a la presencia del Santísimo.

Bienvenida y preguntas de introducción al tema (10')

Antes de comenzar la lección y después de saludar a tus preadolescentes, toma tres minutos para hacer tres preguntas no personales, para que nadie se sienta intimidado (puede ser a toda la clase o puedes elegir a uno que sepas que se siente cómodo respondiendo delante de todos).

1. ¿Alguna vez fuiste a una escuela nueva o te mudaste de ciudad y tuviste que hacer nuevos amigos?
2. ¿Qué características tienen los buenos amigos?
3. ¿Qué nos ayuda a seguir siendo buenos amigos con los amigos que ya tenemos? ¿Qué nos ayuda con los que no vemos tan seguido?

Luego de salir de Egipto y de dar vueltas por el desierto, Dios habló con Moisés y se mantuvieron en un mismo lugar por un tiempo, a los pies del monte Sinaí donde Dios les dio los diez mandamientos y las leyes de la justicia y misericordia (Éxodo 20 y 23). El libro de Éxodo termina con las instrucciones de Dios en cuanto a la construcción del tabernáculo y la consagración de Aarón y de sus hijos para que sean los sacerdotes (Éxodo 28-29).

Así, Aarón fue el primer sacerdote de Israel; él —hermano de Moisés— y sus hijos eran de la tribu de Leví. Desde ese momento, los sacerdotes siempre debían ser elegidos de entre la tribu de Leví, y por eso el nombre de este libro significa "perteneciente a los levitas". El libro de Levítico comprende todas las instrucciones de Dios sobre cómo debían presentarse los sacrificios, cómo los sacerdotes debían cumplir su labor y cómo el pueblo podía mantenerse limpio delante de Dios.

Amigos importantes (30')

Divide a tus alumnos en grupos pequeños, dejando que se junten con sus mejores amigos (de a cuatro o cinco por grupo; si están separados niños y niñas quizás se animen a hablar un poco más). Escoge a uno de ellos para que dirija las preguntas y dale las siguientes instrucciones: solo pueden hablar cinco minutos por pregunta, así que deben comenzar rápido y hablar corto, y cuando pasen los cinco minutos debes avisarles con alguna señal para que pasen a la siguiente pregunta.

El que guía puede decir quién contestará luego, si es que todos desean compartir; tiene que darle espacio a que la mayor cantidad de personas puedan responder alguna pregunta. Otro debe tomar alguna nota de lo que se dijo (no en detalle, solo algo que le haga recordar para luego compartir entre todos). Entrégales entonces una hoja con el siguiente cuestionario:

Descarga el apartado *Complementario* **desde** *www.e625.com/lecciones* **donde encontrarás las hojas** *Levítico - Cuestionario para los alumnos* **y** *Levítico - Respuestas para el líder.*

Cierre (15')

Luego de repasar las respuestas rápidamente, concluye de la siguiente manera: en Levítico, Dios le da al pueblo una larga lista de sacrificios, leyes y mandamientos que cumplir, pero lo hace por dos razones. Una es para que entiendan lo especial que es Dios y que debían honrarlo, y por otro lado lo hacía porque quería que su pueblo aprendiera a acercarse a Él, que lo conozcan y que Él pueda estar cerca de ellos. Con sus mandamientos, Dios los ayuda a vivir mejor, a ser mejores personas, a ser santos como Él es santo. Además, el Señor está preparando el camino para que en un futuro todos necesiten de Jesús, que fue el único que pudo cumplir todas las reglas y así darnos entrada libre a la presencia de Dios sin necesidad de sacrificios. Jesús fue el sacrificio perfecto que borró toda la maldad del hombre al perdonarnos y reconciliarnos con Dios.

Si alguno de ustedes ha entendido la importancia y la necesidad de acercarnos a Dios, de dejarlo ser nuestro buen amigo que cuida de nosotros, nos protege y nos ama, este es el momento de acercarnos a Él con un corazón sincero.

Cierra con una oración reconociendo quién es Dios, con todo su poder, y al mismo tiempo con su deseo de ser nuestro Dios. Para quien quiera hacerlo, haz una oración de declaración de entrega y reconciliación con Dios.

Descarga las lecturas diarias *En familia* **desde** *www.e625.com/lecciones*

Lección 5 > JOSUÉ

Josué es el primer libro de la división que llamamos "libros históricos" en la Biblia. La historia continúa justo donde termina Deuteronomio, ya que después de la muerte de Moisés el mando es otorgado a Josué. Sin duda, Dios —y también Moisés— sabían que podían confiar en Josué porque ya desde antes Josué demostró que confiaba en Dios y respetaba a las autoridades.

En el libro de Números podemos ver que Josué fue uno de los doce espías que fueron primero a revisar la tierra prometida, y aunque vieron a los gigantes, él y su amigo Caleb fueron los únicos dos que no se acobardaron; por eso, la primera orden de Dios a Josué es tomar finalmente la tierra prometida. Hasta este punto, Israel había dado vueltas por cuarenta años en el desierto, pero esta vez se cumpliría lo prometido. El libro de Josué nos cuenta todas las batallas para conquistar la tierra prometida, terminando finalmente con la muerte de Josué a los ciento diez años de edad. Josué fue un gran líder que supo amar a Dios, cumplir sus mandamientos y guiar a un gran pueblo a la conquista.

Bienvenida y preguntas de introducción al tema (5')

Antes de comenzar la lección y después de saludar a tus preadolescentes, toma tres minutos para hacer tres preguntas no personales, para que nadie se sienta intimidado (puede ser a toda la clase o puedes elegir a uno que sepas que se siente cómodo respondiendo delante de todos).

1. Si pudieras elegir hoy mismo de qué trabajar, ¿qué elegirías?
2. ¿A quién conoces que trabaja de eso y quizás es tu modelo a seguir?
3. ¿Cómo podrías aprender más o ser mejor en eso hoy mismo? (a esta edad)

Todos aspiramos a llegar a ser o a hacer algo en particular algún día. Con el tiempo eso va cambiando, vamos descubriendo nuevas capacidades y talentos y nuestros intereses cambian. Aun la tecnología y las necesidades del mundo cambian, y por eso también cambiamos nosotros y las profesiones.

De todas maneras, siempre es inteligente que desde chicos podamos desarrollar nuestros talentos, aprender otros nuevos e investigar todo lo que ya existe para que cuando llegue nuestro momento podamos ser el mejor en el área.

Video de apertura (5')

Busca en YouTube el video *"Karate Kid - Resultados del entrenamiento"*. en este video, Daniel se queja de todo el trabajo que le hizo hacer el señor Miyagi, hasta que él le dice: "Vuelve mañana".

A todos nos gusta ser el héroe o tener alguna capacidad extraordinaria, pero a nadie le gusta el trabajo forzado para aprender la destreza, pero con el esfuerzo y la preparación es que podemos llegar a ser excelentes en cualquier cosa que hagamos.

Preparación de Josué (10')

En Josué se termina el cumplimiento la promesa de Dios de liberar a los israelitas de las manos de los egipcios y de llevarlos a una tierra propia, próspera y abundante donde ellos serían una nación, pero para ello —y para todas las historias extraordinarias que Dios hizo a través de Josué— hubo una preparación para ser el líder necesario para el pueblo de Dios. En los libros del Pentateuco, Números y Deuteronomio es donde podemos ver cómo el Señor comienza a prepararlo para cumplir su propósito.

Prepara de antemano unos carteles que tengan escritas las palabras resaltadas en el texto (puedes ir pegándolos en una pizarra o una pared)

1- Que alguien lea Éxodo 17:9-12. Josué era el **asistente** de Moisés, y aunque era un privilegio, vivir a la sombra de un gran líder a veces no era tan divertido. Muchas veces acompañó a Moisés a sus encuentros con Dios pero siempre tuvo que quedarse "sosteniendo el tapado" del lado de afuera de la fiesta, esperando por Moisés. Moisés le pide a Josué que escoja unos hombres y salga a pelear contra los amalecitas que venían a atacarlos.

Cuando Moisés levantaba las manos los israelitas ganaban, pero cuando se cansaba y los bajaba, los amalecitas ganaban. En el versículo 14, el Señor se asegura de que Josué se entere cómo fue que ganaron la batalla; Dios estaba mostrándole su fidelidad, su manera de actuar y también aumentaba la fe de Josué. Josué muestra **valentía** y **sujeción** a su autoridad, que era Moisés.

2- Que alguien lea Números 13:2-3. El Señor le ordena a Moisés que envíe a varios hombres a explorar la tierra que les había prometido. Luego de cuarenta días, volvieron a dar el informe de lo que vieron y describieron una tierra muy buena con muchos frutos, pero llena de gigantes y rodeada de muchos otros pueblos con quienes deberían pelear. Entonces, todos se desanimaron y empezaron a quejarse: "¿Para qué salimos de Egipto?".

Pero junto con Moisés y Aarón estaban dos de los **exploradores**, Caleb y Josué. Ellos trataban de animar al pueblo diciéndoles que con el Señor podían conquistar la tierra, pero fue por la queja del pueblo ninguno de los mayores de veinte años pudo ver jamás la tierra prometida, solo Caleb y Josué por su valentía y confianza en el Señor. En Números 14:6-8 y 30, Josué muestra que aprendió la lección de fe: **confía en Dios** y también muestra valentía y patriotismo al arriesgarse por todos junto a sus compañeros.

3- Otro que lea Números 27:18-23. El Señor ya le otorga a Josué autoridad, y le dice que lo unjan para que cuando él ordene ir a la guerra todos lo sigan, y que cuando los haga regresar todos regresen. Josué todavía estaba bajo del liderazgo de Moisés pero comienza a darle **autoridad** por su fe y obediencia. Josué muestra **humildad** manteniéndose bajo las órdenes de Moisés, aunque tenía mucha autoridad.

4- En Deuteronomio 31:23, el Señor **afirma** a Josué diciéndole que sea valiente, que él guiaría al pueblo a la tierra prometida. Dios promete estar con Josué y recibe un propósito que se cumpliría en el futuro; **supo esperar** mientras seguía cumpliendo su rol. Dios estaba preparándolo.

5- Por último, en Deuteronomio 34:9, los israelitas obedecen a Josué, haciendo bajo su liderazgo todo lo que el Señor les había ordenado, y Dios le da el toque final a Josué para ser un buen líder: **sabiduría**. Por los resultados, él se mantuvo fiel al Señor en todas las situaciones. Josué fue un líder sabio.

¿Cuántas veces piensas que no eres capaz, que eres muy pequeño o que las tareas que te dan son poca cosa? Siempre que pienses en eso, recuerda que dar lo mejor de ti, ser paciente y esperar en Dios da los mejores frutos. Como Josué, algunas veces estamos bajo el liderazgo de papá y mamá o de algún adulto, pero eso no significa que Dios no te vea: Él piensa en ti y está haciendo planes.

Piedra, papel o tijera… y palitos (20')

Necesitas dividirlos en dos equipos. De un mazo de cartas o barajas, divide la misma cantidad de cartas de un mismo estilo (rojas y azules, espadas y oros, etc.) y la misma cantidad según el número de participantes que tengas. Mézclalas bien y repártelas. Luego, deben dividirse según les haya tocado.
Material necesario: palitos, popotes, pitillos, pajitas (aunque puedes reemplazarlo por cualquier otro elemento).

Un grupo deberá formar un círculo interno mirando hacia afuera, y el otro uno externo mirando hacia adentro (quedarán enfrentados). Todos los jugadores del círculo interno deben tener tres palitos (o algo parecido), y a la cuenta de tres todos los jugadores deben enfrentarse a su oponente con el tradicional *piedra, papel o tijera*. Cada vez que un jugador del círculo interno pierda, debe entregar uno de los palitos al jugador externo.

Luego de la primera ronda, los jugadores externos deben mover un jugador hacia la derecha, y nuevamente se realiza piedra, papel o tijera. Si pierde, el jugador del círculo interno debe entregar un palito, y si empatan, rotan sin que pase nada (si gana el del círculo interno no necesita entregar el palito). Cuando un jugador del interior entrega el tercer palito, debe salir del círculo y el jugador externo ingresa al centro del círculo. La meta es sacar a todos los jugadores internos lo más rápido posible. El juego debe ser ágil y rápido: todos al mismo tiempo gritan *"piedra, papel o tijera"* y giran. Si alguien tiene que salir y entrar, lo hacen rápido sin detener el juego.

Debe cronometrarse el tiempo: a los cinco minutos se para el reloj. Se cuentan los miembros del equipo interno, los equipos cambian de rol y se repite el juego. A los cinco minutos se cuentan los jugadores del equipo que ahora está adentro y quien haya logrado permanecer con la mayor cantidad de jugadores internos, es el ganador. Cuando termina el tiempo van todos a sus asientos nuevamente.

Las historias más destacadas (15')

Deja que se pongan de a dos o tres, con quienes tienen al lado o con quien quieran juntarse, y entregarles las siguientes citas bíblicas para leer (son lecturas muy cortas de 6 a 15 versículos, no llevará más de cinco minutos leerlos). Para que sea bien rápido tenlos escritos en papelitos y solo distribúyelos.

Las aventuras de Josué:

Grupo 1: Josué 3:5-17 (el cruce del río Jordán)
Grupo 2: Josué 6:3-17 y 6:20-21 (la conquista de Jericó)
Grupo 3: Josué 8:3-8, 8:18-20 y 8:26 (obediencia y victoria)
Grupo 4: Josué 10:9-15 (el granizo, el sol y la luna)
Grupo 5: Josué 11:16-23 (las promesas cumplidas)
Grupo 6: Josué 13:1, 6-7 y 23:1-8 (el fin de Josué)

Rápidamente pídeles que compartan de qué se trata lo que leyeron y cuál es la historia. Si tus jóvenes hablan mucho, pídeles que sean muy breves, o coloca un segundero y desafíalos a que cuenten la historia en un minuto (siempre piensa estratégicamente al repartir las lecturas). A medida que van contando las historias, ve colocando los títulos en orden tal como se presentaron arriba.

Cierre (5')

Josué fue un fiel seguidor del Señor, valiente y leal, y el Señor lo premió con mucho más de lo que se hubiera podido imaginar. Con Josué, el pueblo de Dios finalmente fue una nación organizada con territorio; Dios utilizó a Josué para cumplir muchas de sus promesas más importantes.

Josué supo someterse, aprender y ser fiel a Dios y a sus líderes, y el Señor lo utilizó en gran manera. Sus aventuras se parecieron bastante a las aventuras de Moisés; obviamente, el Señor lo preparó para que pudiera afrontar las dificultades y desafíos. Muchas veces nos preguntamos: ¿qué será lo que el Señor quiere para mí? Aprovechar las oportunidades que hoy se presentan, involucrarnos, tomar los desafíos, obedecer y ser fieles al Señor nos llevará a lugares que no imaginamos. El Señor nos preparará para cumplir sus planes pero primero necesitamos un corazón humilde y dispuesto a servirlo en cualquier circunstancia.

Video de cierre

Para mostrar que el esfuerzo y la dedicación tienen buenos resultados, puedes mostrarles el final de la película Karate Kid (búscalo en youTube bajo el título *"Karate Kid - Pelea final del torneo"*). Este clip dura unos cinco minutos y comienza con los dos finalistas en su última pelea, ya preparados dentro del círculo, y termina con la entrega del trofeo festejando la victoria de Daniel.

Descarga las lecturas diarias *En familia* **desde** *www.e625.com/lecciones*

Lección 6 > JUECES Y RUT

Jueces

Luego de que Josué murió, habiendo dejado casi todo el territorio conquistado y al pueblo de Israel organizado por tribus (cada una en su territorio designado), las cosas se tornaron bastante normales y rutinarias. En un principio, los israelitas continuaron tomando posesión de la tierra, pero cuando murió toda la generación de Josué surgió una que no conocía al Señor ni sabía lo que Él había hecho por Israel.

Ellos adoptaron las costumbres y los dioses de los pueblos que habían conquistado, y Dios se enfureció contra el pueblo pero igual les dio varias oportunidades. Estas oportunidades se llamaron *caudillos* o *jueces*. Mientras estos jueces lideraban el pueblo, había paz y Dios los bendecía, pero una vez que moría el caudillo pronto volvían a hacer lo malo delante del Señor y les sobrevenían grandes consecuencias.

Rut

El período de los jueces fue un tiempo oscuro del pueblo de Israel. La falta de liderazgo, las guerras y la idolatría por el haberse mezclado con otras culturas debilitó a Israel política y espiritualmente y *"...cada uno hacía lo que quería"* (Jueces 17:6). La historia de Rut es refrescante y alentadora entre tanta inmoralidad: su historia de amor, lealtad y fe deben ser recordadas.

Rut era moabita, casada con un israelita. Cuando queda viuda, en vez de volverse a su casa en busca de un nuevo marido decide seguir a su suegra, Noemí, hacia Belén. Allí tiene su historia de amor y se casa con Booz; tienen un hijo llamado Obed, un nieto llamado Isaí y un bisnieto llamado David (sí, el rey David). La historia de Rut comienza con un presente negro e incierto pero termina con un futuro brillante: el rey David y la dinastía del mismo Jesús.

Bienvenida y preguntas de introducción al tema (10')

Antes de comenzar la lección y después de saludar a tus preadolescentes, toma tres minutos para hacer tres preguntas no personales, para que nadie se sienta intimidado (puede ser a toda la clase o puedes elegir a uno que sepas que se siente cómodo respondiendo delante de todos).

1. Cuando alguien nos hace algo malo una vez y decidimos perdonarlo, ¿cómo nos hace sentir?
2. Si esa misma persona nos hace algo malo una y otra vez, ¿cómo nos hace sentir? ¿Tenemos que perdonarlo todas las veces?
3. ¿Está Dios obligado a perdonarnos cada vez que cometemos un pecado? ¿Por qué creemos que a Dios no le cuesta perdonar? ¿Es obligación de Dios perdonar?

Perdonar no es fácil, pero cuando lo hacemos nos hace sentir bien, y nos sentimos aún mejor cuando alguien a quien ofendimos nos perdona, pero nos perdona en serio, dejando atrás lo que hicimos. Lo difícil es cuando tenemos que perdonar a alguien que todo el tiempo nos hiere de la misma manera con una mentira, con un engaño, dejándonos de lado, etc. Los israelitas hicieron esto con Dios todo el tiempo, pero Dios es misericordioso y nuestro mejor ejemplo de perdón y amor verdadero.

Tres puntos importantes

1) El libro de Jueces comienza justo luego de haber muerto Josué. El pueblo de Dios se alejó de Él una y otra vez. Eso provocó que tomaran muy malas decisiones y que las consecuencias les cayeran encima sin piedad.
Leer Jueces 2:7, 10-14.

2) Cuando se encontraban en aprietos porque el Señor los dejaba a merced de los que estaban mezclados con ellos y los pueblos que los rodeaban, venían arrepentidos a rogarle al Señor que los librara. Sus dioses falsos nunca podrían hacer nada por ellos, ya que no eran reales.

Leer Jueces 2:1-3. Lo mismo les repite en Jueces 6:7-10 (¡parece que tenían muy mala memoria!).

3) A través de diferentes personajes, caudillos y profetas, Dios los rescataba de su equivocada manera de vivir y entonces volvían a Dios, pero ni bien esa persona moría, otra vez se iban detrás de otros dioses y volvían a la desgracia.
Leer Jueces 2:16-19.

¿Por qué la gente se olvidaba de Dios?
¿Por qué preferían adorar a otros dioses?
Aunque a veces conocemos de Dios y escuchamos las cosas que hizo y que hace aún hoy en día, muchas veces nos olvidamos de Él y nos comportamos como si no fuera real ¿Por qué nos pasa eso?
¿En qué ejemplos podemos pensar?

Aunque el pueblo de Israel estaba pasando por estos altos y bajos en su fe, al mismo tiempo la Biblia nos enseña la fe y la valentía de una mujer que era del pueblo de Moab: su nombre era Rut. Al contrario del pueblo de Dios, Rut supo valorar la fidelidad y la honra, y Dios la usó para que todos conocieran su historia. En su descendencia habría un honor más alto de lo que ella pudo llegar a esperar: su bisnieto sería el rey David y de su genealogía nacería Jesús, el salvador.

Entrevista (20')

Separa en partes iguales caramelos de dos gustos distintos. Cuando hayan ingresado todos los pre a la clase, pídeles que se sienten en el suelo o que se reúnan formando un círculo. Luego lanza los caramelos hacia arriba. Para terminar, forma dos grupos según el color de caramelo que hayan agarrado. De estos dos grandes grupos, haz cuatro dividiendo a las chicas y los chicos (si no tienes tantos alumnos, solo divídelos en chicas y chicos).

Necesitarás hojas en blanco y lápiz, Biblia, afiche o cartulina y colores.

A los varones repárteles las siguientes historias, una para cada grupo: *Gedeón* (Jueces 6:1-10, 36-40 y 7:1-22) y *Sansón* (Jueces 16:2-31). A las niñas repárteles las siguientes historias: *Rut conoce a Booz* (Rut 1:18-2:23) y *Rut se casa con Booz* (Rut 3:1-9, 16-18; 4:1-6, 9-10, 13-17).

Cada grupo deberá leer y elegir a un amigo que represente el personaje principal. Luego, deben preparar preguntas como si fueran a hacer una *entrevista de alfombra roja*, antes del estreno de una película (todo lo demás que quieran agregar estará bien). Deben hacer por lo menos cinco preguntas que nos hagan saber más sobre la historia leída. Además, provee a cada grupo de afiches y colores para que preparen un cartel de fondo, como cuando entrevistan a algún famoso que va a estrenar una película.

Cierre (5')

Dios deja ver a través de estas historias de Jueces y también en Rut que Él ama a su pueblo, que está dispuesto a una y otra vez a perdonarlos aun cuando caen en el mismo error cada vez. Dios siempre llama a gente valiente que lo ama para hacerle recordar a su pueblo que Él es el Dios verdadero y que siempre los protegió y rescató hasta de lo que parecía imposible.

La historia de Israel es nuestra historia también, porque nosotros somos parte del pueblo de Dios, pero aun sabiendo lo que Dios hizo por nosotros y escuchando lo que hace hoy en día en las personas que nos rodean, así también lo dejamos de lado más de una vez, nos olvidamos de todo y ponemos nuestro interés es cosas que no tienen un valor real.

Dios quiere usarnos si estamos dispuestos a seguirlo y obedecerlo. Como Rut, mantenernos fieles incluso en los momentos difíciles y honrarlo con nuestra vida hará que no solo seamos llamados "su pueblo", sino que Dios prepare algo muy especial para nosotros.

Descarga las lecturas diarias *En familia* **desde** *www.e625.com/lecciones*

Lección 7 > 1 Y 2 SAMUEL

Samuel tuvo la tarea de guiar a los israelitas cuando dejaron el período de los jueces para entrar al período de los reyes, estableciendo el oficio del profeta y desarrollándolo al nivel del sacerdocio y de la realeza. Desde entonces, los profetas promovieron y sostuvieron la guía espiritual de Israel como instrumentos de Dios para comunicar su voluntad.

Samuel fue el milagro para Ana, una mujer estéril que al tenerlo lo dedicó a Dios en agradecimiento. Elí, el sacerdote de aquel tiempo, crió a Samuel en el templo. Dios llama a Samuel y lo utiliza como líder espiritual de Israel. Luego de muchos años de guiar a Israel hacia el Señor, Israel le pide a Samuel un rey terrenal: Dios no les bastaba. Samuel unge al primer rey de Israel, que se llamó Saúl, y así se convierte en el último de los jueces de Israel. El libro de 1 Samuel termina con la muerte de Saúl y 2 Samuel abarca la coronación de David y cuenta sus grandes historias como rey.

Bienvenida y preguntas de introducción al tema (10')

Antes de comenzar la lección y después de saludar a tus preadolescentes, toma tres minutos para hacer tres preguntas no personales, para que nadie se sienta intimidado (puede ser a toda la clase o puedes elegir a uno que sepas que se siente cómodo respondiendo delante de todos).

1. Si pudieras elegir un puesto en el gobierno, ¿cuál elegirías?
2. ¿Cómo sería un país sin presidente?
3. ¿Por qué crees que necesitamos cambiar de presidente cada tanto?

Los israelitas nunca habían tenido rey, pero sí grandes líderes como Moisés que los sacó de Egipto, Josué que los organizó y los jueces que habían guiado al pueblo con las leyes y los mandamientos del Señor. El último de estos jueces fue Samuel, el sacerdote y profeta de Dios que dio a Israel su primer rey: Saúl. Así comienza una nueva etapa en la vida de los hebreos, con nuevas aventuras e historias escribiéndose.

El anillo del rey (10')

Para esta actividad necesitarás una soga o hilo grueso y uno o dos anillos pequeños que entren en la palma de la mano. Todos los jugadores se colocarán en ronda sosteniendo la soga (ntes de atarla cerrando el círculo, pasa el o los anillos para que puedan girar en ronda por la soga).

Uno o dos jugadores deben estar dentro del círculo. A la cuenta de tres, el anillo debe comenzar a circular de mano en mano de tal manera que los jugadores del centro no puedan saber dónde está. Para esto, todos los jugadores deben pretender tener el anillo y mover las manos de un lado para el otro sin soltar la soga para confundir a los jugadores. Luego de quince segundos, todos deben parar y los jugadores del centro tendrán una oportunidad cada uno para adivinar quién es el rey que tiene en su mano el anillo: si uno adivina, cambia de lugar con el jugador que tenía el anillo en la mano, pero si no adivina, queda en el medio y tiene tres posibilidades antes de su primera prenda o castigo.

Ideas principales en 1 y 2 Samuel (25')

Espontáneamente, mientras relatas los pasajes, que los personajes vayan actuando. Si la lectura dice: *"Dios lo llamó: ¡Samuel, Samuel!"*, quien hace la voz de Dios debe repetirlo; si es más largo, que lo diga con sus palabras, para que sea chistoso y memorable. En esta dinámica, la actuación debe ser rápida y también súper rápido tu relato para que sea divertido.

1) 1 Samuel 3:1-10, 19-20

Personajes que necesitas: Samuel, Elí y la voz de Dios.
Pregunta para todos: ¿Qué está contando la historia?
Conclusión: ¿Cómo llama Dios a Samuel para que lo sirviera? Samuel no conocía la voz de Dios, pero vivía en el templo. Necesitamos estar atentos a la voz de Dios para escuchar cuando nos llama.

2) 1 Samuel 8:1-8

Personajes que necesitas: Samuel, los ancianos de la iglesia (todos los alumnos) y la voz de Dios.
Pregunta para todos: ¿Por qué el pueblo quería un rey?
Conclusión: Samuel no tenía quien lo sucediera al morir porque sus hijos no hacían lo bueno delante de Dios, entonces el pueblo pide un rey; Samuel se enoja, pero Dios le dice: *"No te rechazan a ti, me rechazan a mí porque no quieren que yo sea su rey"*.

3) 1 Samuel 10:20-27

Personajes que necesitas: Samuel, tribus (todos los alumnos), la voz de Dios y Saúl (el más alto).
Pregunta para todos: ¿Por qué se habría escondido Saúl? ¿Por qué lo habrán despreciado?
Conclusión: Saúl era de la tribu de Benjamín, que era una de las tribus más peque-

ñas, y su familia no era muy numerosa ni poderosa (1 S 9:21), por lo que no se sentía digno de ser el rey de todos (y probablemente muchos otros pensaron lo mismo). No siempre creemos que somos capaces de hacer lo que Dios nos pide, pero vamos a ver más adelante cuál es la verdadera clave para un buen o mal liderazgo, sea quien sea que seamos.

4) 1 Samuel 15: 10-23

Personajes que necesitas: Samuel, la voz de Dios y Saúl (el más alto).
Pregunta para todos: ¿Por qué Dios se enojó con Saúl? ¿Qué es más importante para Dios?
Conclusión: Lo más importante de esta historia es que Dios quiere que lo obedezcamos, y aunque algunas cosas parecen buenas y que servirían o se ven bien delante de los demás, lo más importante es obedecer siempre las instrucciones de Dios.

5) 1 Samuel 16:1, 5-14, 18-19, 21-23

Personajes que necesitas: Samuel, la voz de Dios, Isaí y sus hijos (solo los tres que menciona) y David.
Pregunta para todos: Saúl no tenía idea de que Samuel había ungido a un nuevo rey, y sin embargo David termina al servicio de Saúl. ¿Crees que Dios tenía un propósito con David estando junto al rey?
Conclusión: Muchas veces no entendemos las casualidades o situaciones que nos tocan vivir, pero definitivamente Dios tiene un propósito para formarnos, capacitarnos y lograr sus planes si estamos dispuestos a obedecer.

Para cerrar los libros (10')

¿Cuál es la historia más conocida de David? David y Goliat. Después de ese episodio, el capítulo 18 dice que Saúl tomó a David a su servicio y no lo dejó regresar a su casa y se quedó a vivir en el palacio del rey. El hijo de Saúl, que se llamaba Jonatán, se hizo tan amigo de David que dice la Biblia que *"entabló con David una amistad entrañable y llegó a quererlo como a sí mismo"*, y desde ese tiempo fueron como hermanos.

También dice el mismo capítulo que todo lo que Saúl le pedía a David lo hacía tan bien que todos lo respetaban (tanto los soldados como los oficiales), pero fue tanto el éxito de David que Saúl comenzó a tenerle envidia. De ahí en adelante, todas las historias de David, Jonatán y Saúl son una novela de traición, muerte, perdón, llanto y dolor, hasta que el capítulo 31 de 1 Samuel termina con la trágica muerte de Saúl y sus hijos (entre ellos Jonatán, a quien David amaba profundamente).

Samuel entonces fue el último de los jueces de Israel y quien ungió al primer y segundo rey de los hebreos. El primer rey Saúl perdió el favor de Dios por desobedecer, y entonces tomó su lugar quien comenzó siendo un muchachito al servicio del rey pero que llegó a ser uno de los reyes más poderosos, con el corazón conforme a Dios.

En 2 Samuel se relatan todas las historias del rey David, algunas increíbles y otras no tan buenas (porque también se equivocó(, pero a diferencia de Saúl, David tenía la correcta actitud hacia Dios y en su corazón deseaba agradarle y servirle. Por eso, Dios lo bendijo con la siguiente promesa haciendo un pacto eterno con David:

Porque cuando tú mueras, yo pondré a uno de tus hijos en tu trono y haré que su reino sea fuerte. Él será el que me va a edificar un templo, y yo estableceré su trono para siempre. Yo seré su Padre y él será mi hijo. Si él me falla, yo lo castigaré como un padre castiga a su hijo, pero no le retiraré mi amor como sí se lo retiré a Saúl, tu antecesor. Tu dinastía y tu reino gozarán de mi favor, de modo que tu trono será establecido para siempre". Y así fue, porque de la descendencia de David nació Jesús y su reino es para siempre. (2 Samuel 7:12-16).

Termina dando gracias a Dios por su amor y misericordia a pesar de nuestro pecado, por ver más allá de nuestras acciones y creer en nosotros dándonos una promesa eterna en Jesús.

Descarga las lecturas diarias *En familia* **desde** *www.e625.com/lecciones*

Lección 8 > 1 Y 2 REYES

Los libros de 1 y 2 Reyes fueron nombrados así por el contenido histórico de los acontecimientos más importantes de los reyes de Israel (excepto de los dos primeros, el rey Saúl y el rey David, que se cuentan en 1 y 2 Samuel), abarcando la historia de Israel desde Salomón y la división en Israel y Judá hasta la disolución de Judá bajo el rey Sedequías.

Estos libros señalan que la idolatría y la adoración a otros dioses rompieron el pacto con Dios provocando la deportación y esclavitud de Israel y Judá. Nuevamente están en donde empezaron en épocas de Moisés: del otro lado del Jordán, rogando por una nueva oportunidad. El autor mantiene el registro de estos hechos para demostrar a los cautivos que el arrepentimiento por su idolatría es la única manera de ser nuevamente una nación libre. Muchas de las historias relatadas correlativamente en los libros de Crónicas (las crónicas de los reyes) escritos por Esdras tienen el mismo fin: recordarle al pueblo de Israel su historia y así aprender de sus victorias y fracasos, tratando de acercarlos a Dios.

Bienvenida y preguntas de introducción al tema (10')

Antes de comenzar la lección y después de saludar a tus preadolescentes, toma tres minutos para hacer tres preguntas no personales, para que nadie se sienta intimidado (puede ser a toda la clase o puedes elegir a uno que sepas que se siente cómodo respondiendo delante de todos).

Si yo fuera rey,
1. mi primer mandato sería…
2. mi primera prohibición sería…
3. me gustaría que me recuerden como el rey que…

Todos los gobernantes procuran dejar una huella en la historia; su dinastía es lo que los hace únicos y especiales. Algunos en la historia han dejado una huella que nadie puede borrar, mientras que a otros preferiríamos borrarlos de la historia.

Los primeros reyes en la Biblia no se quedan atrás: algunos fueron muy populares entre su pueblo, otros han pasado a la historia sin mucha gloria y otros han contribuido a formar el mundo como hoy existe.

El rey pide… (20')

Una manera rápida de formar parejas es repartiendo diferentes figuras (círculos, triángulos, rectángulos, estrellas, corazones, etc.) de diversos colores y tamaños para que no se repitan. Córtalas por la mitad, ponlas en una bolsa y pídeles a los chicos que saquen una cada uno. Luego deben buscar a su otra mitad idéntica (nota: debes colocar en la bolsa tantas figuras como alumnos tengas, y si son impares deberás dejar que el último alumno elija con quién juntarse o que sea tu ayudante).

Antes de comenzar la clase, escribe en una pizarra o cartulina una lista de cosas que los participantes deben conseguir (puedes darle una copia en papel). Haz una lista de cosas que puedan encontrar fácilmente a su alrededor (una hoja verde de árbol, una piedra negra, el pelo más largo, etc., dependiendo del lugar donde se encuentren) y otra con cosas que sean más difíciles de encontrar o que requieran imaginación (el versículo más corto de la Biblia, un insecto vivo, el segundo nombre del pastor, etc.). Ten en cuenta que solo tienen quince minutos: haz sonar una campana, un silbato o algo parecido para que sepan que se terminó el tiempo. Quien más cosas haya conseguido, será el ganador (trata de tener algún dulce de recompensa).

Historias de reyes, reinos y profetas (15')

Mientras hablas de los siguientes personajes, coloca sus nombres en una pared o cartulina para que quede en sus mentes la secuencia y la relación entre los personajes.

En 1 y 2 Reyes encontramos el relato histórico del pueblo de Israel: sucesos fantásticos que fueron reales, guerra por el poder, traición, victoria, nobleza, sabiduría, fuerza, engaños, pasión, ¡de todo! Desde el rey David hasta que llevan cautiva a toda la nación, muchos fueron los reyes que gobernaron con éxitos y con fracasos. Los personajes más importantes y más conocidos son:

David: fue el primer rey después de Saúl y su vida está en los libros de 1 y 2 Samuel, pero comienza con su traspaso del reinado a su hijo Salomón y su muerte en los primeros capítulos de 1 Reyes.

Lee 1 Reyes 2:1-4. ¿Cuál fue la recomendación de David y por qué? ¿Qué promesa le recordó?

Salomón: fue el tercer rey de Israel, el hijo de David y Betsabé y el hombre más sabio de la historia

Lee 1 Reyes 3:7-14 y 4:29-34. ¿Qué le pidió Salomón a Dios? ¿Qué hubieras pedido tú en su lugar? ¿Cuál era la petición de Dios a Salomón? ¿Cumplió Dios su promesa?

Pero Salomón se dejó seducir por el poder y por sus conquistas amorosas, desvió su corazón y adoró a otros dioses, y el Señor le quitó su favor (1 Reyes 11:1-13). ¿Cómo perdió el trono Salomón? ¿Qué ofendió a Dios? ¿Qué cosas nos alejan hoy de Dios?

Roboam: hijo de Salomón, el cuarto rey de Israel. Escuchó a sus amigos jóvenes y en vez de ayudar al pueblo les impuso trabajos más forzados que antes. El pueblo se sublevó y no hubo quien lo defendiera (solo la tribu de Judá lo hizo, tal como Dios le había prometido a Salomón). Todo Israel excepto la tribu de Judá nombró rey a **Jeroboam**, y Roboam se refugió en Jerusalén con las familias de Judá y Benjamín. Allí se produjo la división del reino de Israel: de un lado Israel y del otro Judá.

Lee 1 Reyes 12:1-20. ¿Cómo le fue a Roboam por no escuchar a los que tenían experiencia y llevarles el apunte a sus amigotes? ¿Cómo terminó esta discusión que comenzó como una decisión de rutina? ¿Cómo reaccionamos nosotros cuando papá y mamá nos dan un consejo? ¿Es más fácil hacer lo que dicen los adultos o lo que dicen nuestros amigos? ¿Por qué?

Muchos reyes en Israel y en Judea sucedieron a estos tres reyes. Entre tanto caos, Dios —que siempre estuvo atento y esperando a su pueblo— envió a unos profetas muy especiales entre los cuales vamos a destacar a:

Elías: Hizo muchas señales en nombre de Dios: una de las más espectaculares fue que oró y cayó fuego del cielo, consumiendo todo un sacrificio (1 R 18:19-40). Luego de varias aventuras, Elías fue llevado al cielo sin morir (2 R 2:6-15).

Eliseo: fue el sucesor de Elías. Eliseo pide a Dios una porción doble del espíritu que ardía en Elías, y Dios se la da (2 R 2:1-18).

Elías y Eliseo fueron profetas que honraron a Dios, y por eso Dios decidió hacer grandes maravillas con ellos. Dios se presentó a Elías en el suave murmullo y le dio confianza y seguridad para no tener miedo, ganar la batalla y defender a los que nunca habían traicionado a Dios con otros dioses. Dios podía haber mostrado cuán fuerte era con un terremoto que partía la tierra o un fuego incontrolable, pero decide ser el suave murmullo porque su poder no está en lo temible sino en su amor y cuidado para con nosotros.

Cierre (5')

Dios siempre mostró un amor especial a su pueblo; Él cumple todas las promesas, las buenas y las que no son tan buenas también. Las malas decisiones nos hacen sufrir graves consecuencias y vivir alejados de Dios es la peor de las decisiones. La rebeldía de los reyes llevó a que el pueblo de Dios se dividiera para siempre, a que se llevaran mal entre ellos mismos y a que tuvieran muchas rivalidades en la historia.

La desobediencia de Salomón tuvo una consecuencia para todos. A veces no nos damos cuenta de que nuestras decisiones tienen consecuencias en toda nuestra vida, familia o amigos. Depender de Dios nos ayudará a tener en mente a la gente que nos rodea y a enfocarnos en lo que es duradero e importante.

Descarga las lecturas diarias *En familia* **desde** *www.e625.com/lecciones*

Lección 9 > JOB

El nombre *Job* en hebreo significa "el perseguido" y en árabe "el arrepentido". Se cree que el autor de este libro pudo haber sido Moisés por haber vivido en la misma ciudad que Job, o quizás Salomón por el estilo de escritura. Por varias descripciones que hay en el libro, se cree que Job existió entre la historia de la torre de Babel y Abraham. Este libro relata una discusión entre Dios y Satanás (algo que Job no sabía). Sus amigos —y aun Job en su ignorancia— tratan de explicar el sufrimiento de Job desde lo racional, hasta que finalmente Job solo descansa en su fe, en la bondad de Dios y en la esperanza de la redención. Dios defiende la confianza de Job haciendo de esto el mensaje central del libro: cuando no hay explicaciones racionales ni teológicas para el desastre y el dolor, confía en Dios.

Bienvenida y preguntas de introducción al tema (10')

Antes de comenzar la lección y después de saludar a tus preadolescentes, toma tres minutos para hacer tres preguntas no personales, para que nadie se sienta intimidado (puede ser a toda la clase o puedes elegir a uno que sepas que se siente cómodo respondiendo delante de todos).

1. Si tuvieras que elegir que ocurriera algún desastre natural, ¿cuál elegirías? ¿Por qué?
2. Si tuvieras que elegir vivir con algún impedimento físico el resto de tu vida, ¿cuál elegirías y por qué?
3. Si tuvieras que elegir vivir sin alguna de las comodidades que tienes ahora (sin agua corriente, electricidad baño en la casa), ¿cuál elegirías y por qué?

Muchas veces no somos conscientes de las cosas que tenemos todos los días. Para algunos, el caminar o el correr no son una preocupación; el pasar por una tragedia natural como un terremoto o una inundación es algo lejano, o abrir el grifo y que salga agua es lo normal. Entonces, cuando algunas de estas cosas nos pasan o nos faltan sin aviso, pareciera que el mundo se nos acaba y es entonces cuando nos damos cuenta cuán valioso era lo que teníamos. La historia de Job es una trágica sucesión de desgracias que le sobrevienen una tras otra; conociéndola, quizás podamos sentirnos un poco mejor con nosotros mismos y también aprender a ser agradecidos en los momentos más difíciles.

En todo el libro de Job hay debates entre él y tres amigos, y al final interviene un cuarto amigo. Entonces, para entender mejor el libro vamos a dividirnos en grupos y debatir la situación de Job.

La vida de Job (45': 8' por estación y 5' para dividirse)

Coloca a cinco líderes en cinco lugares del salón y entrégale a cada uno de ellos uno de los puntos que siguen (si no tienes suficientes líderes, para esta ocasión pídeles a cuatro padres que te ayuden; si tu grupo no es muy grande, pídeles que hagan su parte uno a uno para todo el grupo). Pídeles que si pueden lo hagan de una manera creativa, o de memoria, escrito en una cartulina decorada, en una proyección, etc., y luego hagan las preguntas que encuentras a continuación (no tienes mucho tiempo, así que deberán hacerlo rápido, y si no alcanza el tiempo obviar las preguntas).

Necesitarás un poco de preparación por parte de las personas que te ayuden, pero será muy divertido si son creativos. Deja que los alumnos se dividan en cada estación con un líder como lo deseen (los líderes deberán comenzar cuando tú lo indiques y deben rotar de estación cuando así lo señales). Déjales saber cuando hayan pasado cuatro minutos y cuando falte solo uno, así podrán manejar bien sus tiempos. El punto cuatro es el más desafiante, pero los versículos están para guiar al líder; él podrá escoger uno o parafrasearlos. Busca gente que tenga diferentes talentos para cada estación.

Estación 1: el debate entre Dios y Satanás (1:1-12)
    ¿Qué dicen los primeros versículos sobre Job y su familia?
    ¿Qué cosas resalta Dios de Job?
    ¿Cómo justifica Satanás el comportamiento de Job?
    ¿Crees que hizo bien Dios en probar la fidelidad de Job?

Estación 2: las desgracias de Job (1:13-22)
    Job perdió todo lo que tenía. Si Job fuera una historia de hoy, ¿qué cosas hubiera perdido?
    ¿Cuál fue la reacción de Job?

Estación 3: la segunda prueba de Job (2: 1-10)
    ¿Cómo lo prueba ahora Satanás a Job?
    ¿Cómo reacciona su esposa? ¿Cómo reacciona Job?

Estación 4: los amigos de Job (escoge alguno de los versículos, o puedes decirlos con tus propias palabras)
    Amigo 1: Elifaz (4:7-9; 15:1-6; 22:22-30)
    ¿De qué lo acusa su amigo Elifaz? (creía que Job sufría porque había pecado)
    Amigo 2: Bildad (8:4-6; 18:5-12, 21; 25:4-6)
    ¿De qué lo acusa su amigo Bildad? (creía que Job sufría porque no reconocía su pecado y no pedía perdón)

Amigo 3: Zofar (11:5-6; 20:23-29; 27:13-17)
¿Cómo lo trata su amigo Eliú? (creía que Dios usaba el sufrimiento para formar el carácter de Job)

El consejo de Eliú (32:12; 33:8-19, 29-30; 34:10-12; 35:8; 36:15-16)
¿Cómo lo trata su amigo Eliú? (creía que Dios usaba el sufrimiento para formar el carácter de Job)

Para pensar, sin contestar

Cuando alguien tiene una enfermedad o pasa por algo muy difícil, ¿es por el castigo de Dios? ¿Puede el pecado llevarnos al sufrimiento? ¿Por qué sufría Job? ¿El pecado tiene consecuencias?

- ¿Alguna vez pasaste por algo muy difícil y tus amigos te acompañaron? ¿Cómo te sentiste?
- ¿Alguna vez pasaste por algo muy difícil y nadie te acompañó? ¿Cómo te sentiste?
- ¿Alguna vez pasaste por algo muy difícil y alguien encima te culpó? ¿Cómo te sentiste?
- ¿Cómo te gustaría que tus amigos te trataran? ¿Cómo Elifaz, Bildad y Zofar? ¿O como Eliú?

Respuesta de Dios (5')

Leer Job 38:1-3; 40:1-7.
Dios le hace a Job un montón de preguntas que solo muestran su grandeza y lo pequeño que somos los humanos.

Cierre (5')

Muchas veces pensamos que la gente tiene lo que se merece, hasta lo deseamos, pero no quisiéramos recibir nuestro verdadero merecido. Todos sufrimos en algún momento pero nunca es un castigo por algo que hicimos o dejamos de hacer.
A veces sufrimos las consecuencias de los actos de otras personas, a veces las consecuencias de nuestras malas decisiones, a veces no sabemos por qué sufrimos, pero tenemos que estar seguros de que Dios conoce cada momento triste de nuestra vida, conoce cada cosa que nos falta y cada cosa que necesitamos. Nada de eso es un castigo de Dios.

Sabiamente Job dice: *"Si de Dios sabemos recibir lo bueno, ¿no sabremos también recibir lo malo?". (Job 2:10 - NVI).* Dios nunca promete que no tendremos ningún dolor; vivimos en un mundo quebrado y el dolor está en todos lados. Muchas veces sufrimos porque hay demasiadas personas que viven en la oscuridad, alejadas de Dios, tomando decisiones egoístas y nosotros padecemos las consecuencias; a veces necesitamos encaminarnos (Hch 12:5-12), y a veces necesitamos fortalecernos (2 Co 12:7-10).

Siempre en el sufrimiento Dios revela su consuelo y su gracia (2 Co 1:2-7). A veces no sabemos por qué, como le pasó a Job; sus amigos trataban de encontrar la razón, y Dios solo hacía relucir lo mejor de Job. La fidelidad de Dios va más allá de toda la percepción humana y su deseo para nosotros es siempre de bien.

Termina leyendo Job 42:12-16.

Descarga las lecturas diarias *En familia* **desde** *www.e625.com/lecciones*

Lección 10 > SALMOS *(primera parte)*

Los salmos constituyen el antiguo "libro de los himnos" de Israel, y el nombre de la palabra que se utilizaba—tanto en hebreo como en griego— incluía en su significado el uso del ritmo o música. Los Salmos, libro inspirado por Dios (2 Ti 3:16) define el espíritu y contenido apropiado para la adoración.

Podemos destacar al menos siete autores, entre ellos al rey David, que escribió setenta y cinco de los ciento cincuenta salmos, a los hijos de Coré que escribieron diez y a Asaf que compuso doce. Otros autores fueron Salomón (dos), Moisés (uno), Hermán (uno) y Etan (uno). Los otros cuarenta y ocho salmos permanecen anónimos. Los salmos fueron coleccionándose desde la época de Moisés hasta el período postexílico, lo cual abarca unos novecientos años de la historia de los judíos. En la traducción a los diferentes lenguajes se pierde a veces el significado de la estructura de esta poesía y canciones, como por ejemplo el salmo 119 que está estructurado acrósticamente: cada uno de los veintidós párrafos, de ocho versículos cada uno, comienza con una palabra cuya inicial es una letra del alfabeto hebreo en orden, cubriendo ese alfabeto por completo. Para los judíos eran de gran significado ya que les ayuda a recordar su historia y creencias de una manera fácil y práctica.

Los salmos presentan una amplia gama de teología aplicada a eventos de la vida diaria y, aunque no han sido agrupados por orden temático, los temas tratados y aludidos cubren la gama de la experiencia humana. Aunque los tópicos son demasiado variados para relacionarlos, a grandes rasgos se clasifican de la siguiente manera:

- *Salmos sapienciales:* instrucciones para una vida sabia
- *Salmos de lamentaciones:* meditando sobre los dolores de la vida
- *Salmos de la realeza:* meditaciones sobre la soberanía de Dios
- *Salmos de penitencia:* meditaciones sobre la consecuencia del pecado
- *Salmos de acción de gracias:* alabanza a Dios

Haremos un estudio de este libro en dos divisiones específicas para que nuestros alumnos puedan comprender la importancia de este libro de forma práctica y útil:

Alabanza: la fortaleza, momentos de alegría y exaltación a Dios
Fragilidad: la debilidad, momentos de fragilidad y búsqueda del Señor

Esta primera lección estará basada en la alabanza y la segunda estará basada en la fragilidad. Prepárate para disfrutar de la creatividad de tus preadolescentes y para estar atento a las necesidades o fragilidad que encontrarás en ellos.

Bienvenida y preguntas de introducción al tema (10')

Antes de comenzar la lección y después de saludar a tus preadolescentes, toma tres minutos para hacer tres preguntas no personales, para que nadie se sienta intimidado (puede ser a toda la clase o puedes elegir a uno que sepas que se siente cómodo respondiendo delante de todos).

1. ¿A quién le gusta la música y quién toma clases de algún instrumento?
2. ¿Qué tipo de música les gusta más? ¿Quién es su artista favorito y por qué?
3. ¿Qué canciones que cantamos en las reuniones es su favorita? ¿Por qué?

A todos nos gusta recibir elogios, palabras lindas que nos llenan de orgullo por un trabajo bien realizado o por una tarea terminada a tiempo y bien hecha. ¡Cuánto más Dios quiere y merece alabanzas! ¡Es el Creador de todo! Si nos detenemos a pensar en cualquier cosa (en una semillita, en la naturaleza, en los animales, etc.) y para qué existe, o si pensamos en el cuerpo humano con cada parte cumpliendo su función específica (y ni hablar si nos ponemos a pensar en la galaxia y en todo el universo sincronizado), nos damos cuenta de los milagros y maravillas de Dios que vivimos a diario. El rey David sí supo percibir eso, supo expresar su agradecimiento a Dios de manera súper especial. En el libro de los Salmos encontramos muchas canciones y poesías que exaltan a Dios por sus obras y su cuidado.

Guerra de canciones (20')

Para este juego divide al grupo en dos: previamente, haz distintivos con dos imágenes referidas a la música (una nota musical y una guitarra, por ejemplo) y colócale uno a cada uno a medida que van llegando, de manera intercalada. Cada uno debe recibir uno de estos alternadamente para que los equipos sean parejos.

Cuando comiences la actividad, tira una moneda al aire para elegir el equipo que comienza. Este equipo debe cantar una canción y debe parar en cualquier momento que lo desee. El equipo contrario tendrá veinte segundos para comenzar otra canción que comience con la letra o la palabra con la que terminó el equipo anterior. Ejemplo: el equipo 1 canta *'David, David danzaba y el arpa tocaba…'*. El equipo 2 debe comenzar con 'tocaba' o con la letra "a" que es la última de la palabra "tocaba". Entonces, podría ser: *'Amor, amor, amor, que solo tú me das…'*, por lo que el otro equipo debe comenzar con "das" o "s", y así sucesivamente. Cuando un equipo no sepa con qué canción seguir, pierde, y el otro equipo recibe un punto.

Esto se repite por quince minutos. No te molestes si no usan canciones cristianas; la regla a respetar es que la letra no puede decir cosas groseras o deshonrosas.

Repaso del libro (5')

La música es, sin duda, una de las principales atracciones para el mundo del adolescente: muchos se agrupan por el gusto musical en común, se visten como las bandas de preferencia e incluso comienzan amistades y relaciones por compartir el mismo gusto musical. Sin duda, David hoy sería un músico famoso y tendría varios discos grabados.

El propósito de los salmos era adorar a Dios, y hoy, al leerlos, nos inspiran a pensar en Él y en lo que ha hecho por nosotros. Cantar los salmos en canciones modernas nos hace recordar siempre quién es Dios.

Conectados (15')

Entrega una de estas grillas a cada uno de tus alumnos. Hay dos hojas diferentes para cubrir la mayor cantidad de salmos posibles. Que ellos busquen el versículo en la Biblia, que encuentren a qué frase corresponde, que lo unan con una flecha y que lo terminen con una frase propia. Ejemplos:

Cita a buscar	Frase a conectar	Frase propia para completar
Salmo 138:1	Alabaré al Señor toda mi vida	*porque siempre estás conmigo*
Salmo 146:2	Quiero alabarte de todo corazón	*porque su amor me perdonó*

Descarga el apartado *Complementario* **desde** *www.e625.com/lecciones* **donde encontrarás las páginas** *Salmos (primera parte) - Hojas 1 y 2* **y** *Salmos (primera parte) - Respuestas***.**

Mi propio salmo de alabanza (10')

Hay muchas cosas por las que nos acercamos a conversar con nuestro Padre celestial: cuando pasamos un momento triste, cuando estamos felices, cuando nos sobrepasa una situación, etc., pero seamos sinceros: la mayoría de las veces es porque atravesamos una situación en la que necesitamos de Él. A muchos nos cuesta acercarnos solamente para agradecer, para exaltar su nombre, para decirle cosas bonitas a Dios. El ser humano atraviesa miles de sentimientos; utilicemos algunos de ellos para expresarle a Dios gratitud y contentamiento por sentir estas cosas tan lindas.

Reparte un papel y un lápiz por alumno. Cada uno debe escribir un salmo de alabanza. El desafío es que solo puede alabar a Dios, no pedirle nada; solo puede agradecerle a Dios y llenarlo de halagos (siempre referidos a alabanza). Si alguno se anima a rapearlo, cantarlo o recitarlo, dales la oportunidad de hacerlo. Si quieren compartirlo contigo o con algún otro amigo, en privado, también sería bueno que tengan la posibilidad.

(Cierre 5')

Dios nos muestra a través de los salmos su aspecto más creativo, su amor y su alegría, regalándonos algo tan maravilloso como los versos y la música. También podemos observar que le encanta ser halagado y ama que sus hijos lo llenen de palabras lindas y de agradecimiento. Al fin y al cabo, nuestros cánticos y alabanzas terrenales son un ensayo de aquello glorioso que haremos en el cielo: alabarle cara a cara. Las palabras hermosas alegran el corazón de Dios, pero más aún lo alegra que lo adoremos con nuestra vida, que nuestras canciones y alabanzas sean de un corazón lleno de agradecimiento real y de acciones que respalden lo que sale de él. Dios desea que lo alabemos con el espíritu y en verdad (Juan 4:23-24).

Descarga las lecturas diarias *En familia* **desde** *www.e625.com/lecciones*

Lección 11 > SALMOS (segunda parte)

Los salmos de fragilidad demuestran el temor, la ansiedad y el clamor a Dios para ser rescatados. Con los preadolescentes nos basaremos en sus emociones y temores y en cómo podemos clamar a Dios con la confianza y seguridad de que Él nos protege, nos escucha y quiere bendecirnos.

Bienvenida y preguntas de introducción al tema (10')

Antes de comenzar la lección y después de saludar a tus preadolescentes, toma tres minutos para hacer tres preguntas no personales, para que nadie se sienta intimidado (puede ser a toda la clase o puedes elegir a uno que sepas que se siente cómodo respondiendo delante de todos).

1. ¿Qué cosas solían darte miedo cuando eras pequeño?
2. ¿Qué crees que es peor: tener miedo de algo o de alguien? ¿Por qué?
3. ¿Cuando algo da miedo, ¿cuál es la mejor manera de superarlo?

Todos en algún momento sentimos miedo; quizás no a algo que pueda saltar en medio de la oscuridad para asustarnos o una fobia como a las arañas o a las ratas, pero puede ser el temor a ser rechazado o a desaprobar materias en la escuela. Muchos preadolescentes de tu edad tienen miedo a cómo los ven o qué dicen los demás de ellos en la escuela, y otros tienen miedo de que crean que son unos cobardes o unos *nerds*, o que no son atractivos o solo unos perdedores. Los salmos también nos enseñan acerca de aquellos temores internos que nos persiguen y nos debilitan.

Los temores (10')

Escribe tres carteles grandes con las palabras: *Cosas*, *Personas* y *Sentimientos*. Pídeles que se coloquen debajo o en el sector de aquello a lo que, según ellos, las personas adultas le temen más seguido.

Luego, pídeles que se coloquen en el sector de lo que los preadolescentes de su edad temen más a menudo. Explica que el cartel de *Cosas* significa cosas como desastres naturales, enfermedades, accidentes, falta de algo material, etc., *Personas* significa que le temen a alguien en particular (un profesor que es estricto, uno de los padres, algún pariente que los molesta o alguien que les hace bullying) y *Sentimientos* es soledad, depresión, dolor, fracaso o ansiedad.

Ahora pídeles que vuelvan al centro y en un cartel o pizarra o proyección hagan dos listas: una de cuáles de estos temores ellos pueden controlar y cómo, y otra de cuáles no pueden controlar y por qué.

No temas (20')

Descarga el apartado *Complementario* **desde** *www.e625.com/lecciones* **donde encontrarás las hojas** *No temas* **y** *Respuestas para el maestro.* **Déjalos responder por unos minutos.**

Reflexión sobre los temores, la angustia y los salmos de fragilidad (10')

Como vimos en el libro de Job, muchas veces no sabemos por qué ciertas cosas pasan (o sabemos que son consecuencias de las malas decisiones) y/o el pecado de algunas personas que nos rodean. Vivimos en un mundo roto, que necesita de la guía de Dios para vivir bien y disfrutar, pero al igual que Israel nos alejamos de Dios demasiadas veces y cada uno quiere hacer lo que se le da la gana. Isaías 53:6-7 es la profecía de la cruz de Jesús y dice que todos lo abandonamos y que nos fuimos cada uno por su lado, pero que aun así Jehová cargó en Él el pecado de todos nosotros.

Cristo sufrió en silencio, injustamente, sintiendo el dolor de nuestro abandono y de cargar con toda la maldad del mundo. Jesús sabe bien lo que es sentirse angustiado y abandonado, lo que es sufrir las consecuencias del pecado y la maldad, pero a diferencia de nosotros, Él lo hizo para librarnos del dolor, para rescatarnos y para volver a reconciliarnos con nuestro Padre celestial.

Como vimos en la clase anterior, Salmos nos lleva al mundo de la poesía, a expresarnos a otro nivel para con Dios en gratitud y alabanza, pero también nos lleva a la reflexión, a derramar nuestros corazones delante de Él con arrepentimiento y dolor por haberle fallado o con angustia por las situaciones que estamos pasando. Los salmos de David y de otros guerreros son de alabanza, de socorro en la angustia y de alabanza aun en la angustia. Dios no tiene miedo de que le preguntemos "*¿Dónde estás? ¿Por qué me abandonas?*", ¡si hasta Jesús le hizo esa pregunta! Dios quiere que lo busques cuando estás alegre y cuando estás triste, que te alegres en saber que va a responder aun cuando estás desanimado, porque alabarle en la confianza de que Él nos responderá en el tiempo justo nos anima, levanta nuestro espíritu y nos da esperanza y paz.

Cierre (5')

Busca una o dos canciones populares que hablen del amor de Dios y de su fidelidad en la angustia y el temor. Si tienes una banda para que toque en vivo o una guitarra, mejor; Si no, puedes buscarlo online (asegúrate de tener buena conexión y un audio lo suficientemente fuerte como para poder alejar cualquier otro ruido).

Invítalos a alabar al Señor con el corazón, presentándole a Él las tristezas, el dolor y los temores pero con acción de gracias, reconociendo que Él es fiel y que su poder puede librarnos de todo mal.

Luego, cierra con una oración y ofrece que aquellos que quieran orar a solas por alguna situación especial puedan levantar su mano, y mientras todos cantan puedes juntarte de a uno con quienes levanten su mano y orar por ellos. Sería bueno que tengas a algunos líderes o padres que puedan ayudarte a orar y no desperdiciar la oportunidad.

Descarga las lecturas diarias *En familia* **desde** *www.e625.com/lecciones*

Lección 12 › PROVERBIOS

El libro de los proverbios de Salomón está formado por los 513 proverbios más importantes de los más de 3000 que escribió junto a algunos otros autores que, obviamente, estaban influenciados por él (1 R 4:32; Ec 12:9). El libro de Proverbios es un libro de comparaciones entre imágenes comunes y las verdades más profundas de la vida; son ilustraciones sencillas que enseñan moralidad fundamental para la vida común, reflejando temas teológicos al nivel de la justicia práctica. Estos proverbios llevan a la reflexión cuestionando la manera de pensar, de vivir y de administrar la vida bajo la luz de la verdad, y los dos temas principales en este libro son la sabiduría y la insensatez.

Bienvenida y preguntas de introducción al tema (10')

Antes de comenzar la lección y después de saludar a tus preadolescentes, toma tres minutos para hacer tres preguntas no personales, para que nadie se sienta intimidado (puede ser a toda la clase o puedes elegir a uno que sepas que se siente cómodo respondiendo delante de todos).

1. ¿Quiénes son las personas más importantes en tu vida? ¿Por qué?
2. ¿Qué tipo de secretos le contarías a esa persona?
3. ¿En qué casos le pedirías un consejo a esa persona? ¿Por qué?

Con los padres o abuelos solemos hablar cosas que nos da vergüenza hablar con los amigos, y con los amigos hablamos todo lo que creemos que los adultos no entenderían, pero siempre las personas más importantes son a quienes les confiamos nuestros secretos y a quienes vamos por consejos. A medida que crecemos vamos aprendiendo a ser mejores hijos, mejores nietos, mejores amigos, etc., y poco a poco también adquirimos sabiduría para dar consejos a otros.

Remedio para nuestras relaciones (20')

En una pizarra o pared divide las tres categorías de Proverbios y que todos tengan en sus cuadrados las citas bíblicas, pero no los versículos (a estos imprímelos en hojas separadas).

Divide al grupo de la siguiente manera: con anterioridad corta cuadrados de papel (o cualquier otra forma) de tres colores diferentes y antes de que lleguen al salón pégalos debajo de cada silla. Pide a tus alumnos que se sienten todos en alguna silla y luego hazles mirar debajo para ver de qué color es el papel que está allí pegado. A continuación, deben juntarse con los del mismo color formando tres equipos. Cada equipo se colocará en una categoría diferente: esto será una carrera. Al sonar el silbato o dar la orden, deben buscar los versículos que están en los cuadrados, encontrar el versículo entre los papeles separados y colocarlos en su lugar. El primero que lo completa es el ganador. Utilizando las categorías de la estructura, podemos dividir el pizarrón o una lámina en tres:

Descarga el apartado *Complementario* **desde** *www.e625.com/lecciones* **donde encontrarás el cuadro completo con las respuestas para el líder.**

¿Muy fácil para tu grupo? Entrégales el cuadro solo con los nombres de las tres categorías y todos los versículos con sus citas separados, y que ellos califiquen los versículos según su interpretación. El que más logre acertar es el ganador.

Preguntas de rigor (10')

1- ¿De qué se tratan los versículos de la primera categoría?
¿Por qué decimos que tienen que ver con nuestra relación con Dios?
2- ¿Por qué podemos calificar los versículos de la columna 2 como consejos para nosotros mismos?
¿Cómo nos ayudan éstos a ser mejores?
3- ¿Por qué decimos que estos proverbios son para las relaciones interpersonales?
¿Por qué estos consejos nos pueden ayudar con nuestras relaciones?

Emoticonsejos (15')

Si tienes al menos tres celulares puedes hacer este juego muy divertido: entrégale un celular a cada grupo, crea un grupo de mensajes de texto y en tus notas copia estos dichos populares hechos con emoticones.
A la cuenta de tres, envías la misma secuencia de emoticones a los tres grupos, y el primero que adivina el dicho es el ganador. Si ves que les cuesta mucho adivinar, pueden al menos intentar adivinar de qué se trata, aunque no les salga perfecto.
Si no conoces alguno, reemplázalo para que sea fácil y divertido jugar. Quizás debas ajustar alguna palabra; usa tu imaginación para lograrlo. ¡Tú puedes inventar los tuyos!

1. No por mucho madrugar amanece más temprano.
1.

2. No le busques los tres pies al gato.
2.

3. A caballo regalado no le mires el diente.
3.

4. A Dios rogando y con el mazo dando.
4.

5. Agua que no has de beber, déjala correr.
5.

6. Más vale pájaro en mano que cien volando.
6.

7. Ojos que no ven, corazón que no siente.
7.

Los refranes siempre han ocupado un espacio en la historia de la humanidad porque son dichos que pueden recordar y que a su vez van cargados de sabiduría. Todos los proverbios son excelentes para memorizar y repetir cada día; al fin y al cabo, fueron creados por la persona más sabia del mundo del cual la Biblia dice: *"Te daré una sabiduría como la que nadie ha tenido antes ni tendrá después"* (1 R 3:12).

Cierre (5')

¿Te gustaría ser tan sabio como para que gente de todos lados viniera a consultarte? ¿Te gustaría tener el secreto de la sabiduría y de la inteligencia?

La Biblia lo tiene: lee Proverbios 1:1-9 (NVI). ¿Cuál es? (v. 7).
Te preguntarás: "¿El temor del Señor?". Lee Proverbios 2:1-11 (NVI). El temor al Señor no es tenerle miedo sino tenerle respeto, escucharlo porque sabemos que tiene la verdad y las claves para la inteligencia y la sabiduría.

Dios es la fuente de toda sabiduría y Él nos da la clave para obtenerla. Dios quiere que seamos inteligentes, que podamos pensar por nosotros mismos, elegir bien y vivir así una vida en plenitud, al máximo, sin temor, a su lado.

Este es su consejo final: lee Proverbios 3:1-8.

Descarga las lecturas diarias *En familia* **desde** *www.e625.com/lecciones*

Lección 13 > ECLESIASTÉS Y CANTARES

Eclesiastés

El título *Eclesiastés* deriva de la palabra griega *ekklesia*, traducida como "asamblea" o "congregación". Hace referencia a "el que llama o congrega", refiriéndose al pueblo. En hebreo, el nombre es *Qohelet*, que se traduce literalmente como "el que colecciona", "dichos sabios" o "quien se dirige a la asamblea" (de aquí el nombre "el predicador", "el maestro").

Junto con Rut, Cantares, Ester y Lamentaciones, Eclesiastés es parte de los libros del AT llamados *megillot* ("cinco rollos"), que eran leídos en cinco casos especiales (Eclesiastés era leído en Pentecostés). Su autor fue Salomón, probablemente en sus últimos años. La palabra clave de este libro es "vanidad", usada treinta y siete veces en el libro, expresando así que las metas y ambiciones terrenales son intrascendentes. Salomón nos enseña con su experiencia que la única vida de satisfacción es la que es vivida reconociendo la soberanía de Dios y sirviéndolo a Él. Afirma que el bien más elevado se encuentra en obedecer a Dios y en el goce pleno de la vida en Él.

El propósito de este libro es advertir a las nuevas generaciones de que no cometan los mismos errores que Salomón cometió, quien siendo el hombre más sabio del mundo desperdició la bendición de Dios por un placer personal, en lugar de honrar a quien lo había bendecido con sabiduría.

Cantares

Cantar de los Cantares es traducido en varias versiones como "El canto de Salomón", indicando que este canto es la mejor entre las 1005 obras musicales de Salomón. Por sus habilidades de escritor y su capacidad como músico, se dice que Salomón es el autor pero no se sabe con certeza cuándo lo escribió. Los judíos leían este rollo en la Pascua, llamándolo "lugar santísimo".

Lejos de hablar de lascivia, el antiguo cantar de Salomón exalta la pureza del afecto y romance matrimonial. Los temas principales en este libro son el amor de Dios reflejado en el amor entre el hombre y la mujer y la gracia de Dios a través del matrimonio. Podemos ver que refleja el carácter de Dios: Dios es fiel (8:5), Dios es amoroso (8:6) y Dios es puro (3:5; 4:1,16).

Bienvenida y preguntas de introducción al tema (10')

Antes de comenzar la lección y después de saludar a tus preadolescentes, toma tres minutos para hacer tres preguntas no personales, para que nadie se sienta intimidado (puede ser a toda la clase o puedes elegir a uno que sepas que se siente cómodo respondiendo delante de todos).

1. ¿Qué consideras más importante: el dinero, el amor de las personas o tener un talento que te destaque? ¿Por qué?
2. Si pudieras elegir ser un genio en alguna materia o ciencia, ¿cuál sería? ¿Por qué?
3. ¿Qué harías si tuvieras acceso a toda la plata que pudieras imaginarte?

Todas las personas tienen como fin superior el ser feliz; todos desean ser felices y trabajan duro para serlo (según lo que interpretan que es *ser feliz*). Algunos piensan que tener mucho dinero les dará felicidad, otros que ser muy importantes o alcanzar logros únicos, otros que el tener una familia grande, muchos amigos o ser famosos, pero la verdad es que hay innumerables casos de personas que han ganado la lotería y han terminado mucho peor de lo que estaban antes de haberla ganado. Artistas que parecían tenerlo todo han terminado quitándose la vida a propósito o por error al tomar pastillas para la depresión de manera equivocada. Suplir lo que más nos falta ahora no es la meta final de la felicidad, sino el darnos cuenta de que necesitamos algo más. De esto se tratan el libro de Eclesiastés y el de Cantares, de las cosas verdaderamente importantes en la vida, de los anhelos en nuestro corazón y de alcanzar el propósito de Dios al habernos creado y así ser felices.

Eclesiastés y Cantares fueron escritos por el rey Salomón, el mismo que escribió el libro de Proverbios. Si te acuerdas de la lección anterior, Salomón fue el rey y el hombre más sabio del mundo y, según la Biblia, nunca habrá alguien como él. El libro de Eclesiastés es como un diario íntimo donde Salomón cuenta sus más profundos sentimientos; ha estudiado tanto, ha logrado tantas cosas, ha vivido todo lo que ha podido vivir, ha recorrido lugares pero nada de eso tiene sentido para él. Siente que todo es absurdo y que nada que haya en este mundo tiene valor o sentido si no se disfruta bajo el plan por el cual Dios lo creó.

Obra de arte con sabiduría (25')

Divide a tu grupo en cuatro subgrupos de la siguiente manera: coloca en una bolsa tantos lápices de colores como alumnos tengas (también puedes hacerlo con popotes o pajillas de colores) y reúnelos por color. Como siempre, no te preocupes si alguien quiere cambiarse, especialmente si es su primera vez en el grupo.

Entrega a cada equipo una cartulina o tira bien larga de papel blanco y toda clase de elementos de dibujo como lápices de colores, pinturas, pinceles, crayones, marcadores y todo lo que puedas conseguir (sé que a veces es difícil contar con estos elementos, pero siempre hay padres dispuestos a colaborar, familias con niños que descartaron este material, escuelas que no lo necesitan, etc.).

Entrega a tus alumnos una de las siguientes tarjetas (si son muchos repite las tarjetas con los temas o inventa nuevas) y pídeles que hagan una obra de arte que represente esa lectura.

Descarga el apartado *Complementario* **desde** *www.e625.com/lecciones* **donde encontrarás las tarjetas para los pre.**

Luego deberán explicársela a sus compañeros. Diles que no necesita ser un solo dibujo ni un solo concepto; pueden dibujar partes, pueden hacerlo en conjunto o por separado, pero deben tratar de representar en ese papel tanto como puedan.

En algunos casos, el pensamiento concreto será muy fuerte y dibujarán exactamente lo que leen, y en otros se animarán un poco más con imágenes que representan conceptos, pero en este caso vamos a darles la posibilidad de explorar ambas posibilidades y enriquecerse unos a otros con su creatividad.

Eclesiastés conlleva advertencias de Salomón, así como si un padre, un abuelo o quizás un hermano mayor nos previenen de no poner nuestro corazón y energías en las cosas que pasan, que no duran, que pierden su sabor o que no llevan a nada mejor. Nos enseña que cada cosa tiene su tiempo, que no vale la pena afanarse, que acaparar sin compartir no tiene recompensa y que el carácter o el ser interior es más importante que cualquier cosa que podamos encontrar en la tierra. También nos deja uno de los mejores consejos para los jóvenes: lee Eclesiastés 11:9-12:8.

¿Por qué alguien que ha vivido todo y ha experimentado los mejores placeres nos recomendará esto?

Amor profundo (20')

Además del libro de Eclesiastés, Salomón escribió otra obra de arte: poesías acerca del amor perfecto. Como una obra de arte, relata una escena de pasión entre dos enamorados antes de casarse y después de casarse, y aunque hay algunas descripciones un poco personales, Salomón compara esta historia de amor con el amor de Dios hacia su iglesia, un amor profundo, verdadero y puro.

Dios ES amor, y una de las maneras de expresar el amor de una pareja es el amor romántico, donde la atracción y la pasión son claves. Dios hizo esto también y Él puso en nosotros como humanos todos esos sentimientos; sabe lo que sentimos y ha establecido el tiempo y la persona indicada para ello. Por eso, es importante primero entender la nueva escala de valores que Salomón nos enseña en Eclesiastés, entender qué es verdaderamente importante para poder así disfrutar plena y puramente un amor verdadero, como el de Dios por nosotros.

Piropos propios (10')

¿Qué piropos (apropiados) conocen de la calle? ¿Cómo te hacen sentir? (piensa en algunos piropos populares para repetirlos si no saben ninguno).

Divide al grupo en niñas y niños. Asigna pasajes a las chicas (Cantares 1:15 / 2:14-15 / 4:1-15 / 6:2-4 / 7:1-9, y a los chicos (Cantares 1:12-14 / 2:3-6 / 5:10-16 / 7:10-13 / 8:6-7) y que los lean en grupo.

¿En qué se parecen estos versos de amor a los versos que escuchamos hoy? ¿Cómo se sienten el uno y el otro? ¿Qué parte te llamó más la atención y por qué?

Cierre (5')

La Biblia tiene muchas enseñanzas, y todas nos sirven hoy también, ya que son consejos para vivir una vida plena, con amor y pasión. Dios definitivamente quiere que disfrutemos a pleno la vida que nos dio: todo lo hizo pensando en nuestro beneficio. Sus consejos son de bien para quienes le hacen caso. Él es nuestro creador, Él formó nuestro cuerpo y nuestros sentimientos y quiere que nos vaya bien (*lee Juan 10:9-10*).

Jesús es la puerta que nos lleva a la salvación, pero no solo a la de nuestra alma en la eternidad sino a la de una vida mediocre y de heridas por no escuchar su consejo y guía. Satanás quiere destruirnos y con sus mentiras quiere hacernos creer que hay cosas mejores que podemos conseguir por nosotros mismos y que no necesitamos esperar para enamorarnos y ser felices, pero el Señor vino a rescatarnos de esa vida de muerte, ¡y vino para darnos una vida abundante! Quiera Dios que los consejos de Salomón se graben en nuestro corazón como tatuaje para que disfrutemos de esa vida abundante.

Descarga las lecturas diarias *En familia* **desde** *www.e625.com/lecciones*

Lección 14 > ABDÍAS Y JOEL

Abdías

Su nombre significa "siervo de Jehová". La profecía de Abdías alude a la situación histórica en la que los edomitas se alían con los enemigos de Israel y participan en el saqueo de Jerusalén. En Génesis 25:19-27:41 se cuenta la historia de los mellizos Esaú y Jacob: este último le cambió la primogenitura a Esaú (aunque eran mellizos, había nacido primero) por un plato de lentejas, y así Jacob se quedó con la mejor bendición y herencia de su padre. De él nace el pueblo de Israel, y de Esaú nace el pueblo de Edom.

Esaú perdonó luego a Jacob, pero Edom siempre estuvo en guerra con Israel. Mientras que Dios le dice a Israel que nunca debe devolverle mal por mal porque es su familia, Edom aprovecha cada oportunidad que se le cruza para aliarse con algún enemigo de Israel y saquear sus ciudades. A Dios no le agrada esto y cae su juicio sobre Edom y, como lo predice Abdías en los versículos 10 y 18, el pueblo de Edom desaparece de la faz de la tierra.

Joel

El profeta Joel centra su mensaje en Judea y Jerusalén. Su nombre significa "Jehová es Dios". Aunque el profeta demuestra conocer en detalle el templo y sus usos, no era levita sino de la tribu de Rubén. Joel 3:4-6 y 3:19 se refieren a los mismos eventos que están descritos en el libro de Abdías: el profeta compara el sufrimiento que padecen por una invasión de langostas que hay en ese momento con la figura de un ejército, sugiriendo que era un presagio de "el día de Jehová", un período general de la ira y el juicio del Señor, el día que Dios revela su carácter. Llama a todos al arrepentimiento, prometiendo que si son fieles la tierra será restaurada. La actitud del corazón y la vida de un hombre ante el Señor determinará su reacción en el día de su juicio: los que invoquen el nombre del Señor serán salvos.

Bienvenida y preguntas de introducción al tema (10')

Antes de comenzar la lección y después de saludar a tus preadolescentes, toma tres minutos para hacer tres preguntas no personales, para que nadie se sienta intimidado (puede ser a toda la clase o puedes elegir a uno que sepas que se siente cómodo respondiendo delante de todos).

1. ¿Cuáles son las injusticias sociales que más te molestan? (pobreza, esclavitud, explotación de personas, etc.)
2. ¿Cuál sería el castigo que le pondrías a alguien que comete esa injusticia?
3. ¿Cómo compensarías a una víctima de la injusticia?

Los libros que veremos hoy tratan de las profecías que los profetas Joel y Abdías anunciaban de parte del Señor con respecto a una injusticia. En sus profecías, el Señor se enoja y desprotege a Israel por haberse alejado de Él, pero al volverse a Dios, Él castiga a quien está haciéndole daño a Israel, le da su merecido y recompensa a las víctimas, tal y cual lo haríamos nosotros y todo buen héroe de película.

¡Los quiero todos! (20')

Para este juego necesitarás broches para colgar la ropa (tres para cada jugador). Reparte los tres broches a cada jugador, los cuales deben prenderse en las mangas de su ropa. A la señal, todos deben intentar robar la mayor cantidad de broches posibles, pero con la condición de que siempre deben prenderlos en sus mangas (no pueden esconderlos ni dejarlos en sus manos), y solo pueden usar una mano (la otra debe estar detrás de su espalda). No pueden empujar ni cubrir los broches. Marca el espacio del que no deben salirse; a los tres minutos debes parar el juego y ver quién es el jugador que tiene más broches. No te preocupes si el juego se torna algo alocado: puedes pararlo antes de los tres minutos (te sugiero que pongas música movida mientras dura el juego y que la apagues cuando se acaba el tiempo).

¿Cómo se sintieron en esta locura de devastación? ¿Alguno se sintió impotente? ¡No podían hacer nada para que no les sacaran todo! ¿Alguno pensó que no era parejo, o que los más fuertes, altos y rápidos tenían más oportunidad de ganar? A veces, las injusticias nos pegan fuerte y nos hacen sentir desolación o desesperanza.

Repaso del libro (10')

Los profetas eran personas que comunicaban mensajes que venían directamente de Dios para su pueblo. La mayoría de las veces no eran buenas noticias, pero el propósito de Dios con sus mensajes era restaurar la relación con su pueblo, hacer las paces y ser felices el uno con el otro.

El libro de Joel compara primeramente una devastación que habían sufrido por el ataque de una plaga de langostas con un ejército que caería sobre Israel (capítulo 1). Entonces, los llama a invocar al Señor y les dice cuán terrible será la devastación sin Dios (capítulo 2). El Señor les promete mucha más bendición cuando se vuelvan a Él de todo corazón.

En el capítulo 3 les promete que cuando el día de la restauración llegue, los enemigos que los atacaron y devastaron serán juzgados por el Señor; el juicio caerá con la promesa divina de que la nación de Israel nunca más será invadida por extranjeros. En los versículos 4 al 6 de este capítulo, Joel habla justamente de lo mismo que trata TODO el libro: la visión de Abdías. En Génesis 25:19-27:41 se nos cuenta la historia de los mellizos Esaú y Jacob, quien le cambió la primogenitura a Esaú por un plato de lentejas (aunque eran mellizos, Esaú había nacido primero). De esta forma, Jacob se quedó con la mejor bendición y herencia de su padre, y de él nace la nación de Israel (y de Esaú nace la nación de Edom). Aunque Esaú perdonó a Jacob (Gn 33), Edom siempre estuvo en guerra con Israel; Dios le dice a Israel que nunca debe devolverle mal por mal a Edom porque es su familia, pero Edom aprovecha cada oportunidad que se le cruza para aliarse con algún enemigo de Israel y saquear sus ciudades.

Joel 3:5 afirma: *"Han tomado mi plata, mi oro y todos mis tesoros preciosos, y los han llevado a sus templos paganos"*. A Dios no le agradó esto, y trae su juicio sobre Edom. Joel 3:19 dice: *"Egipto y Edom serán destruidos porque atacaron con violencia a la gente de Judá y mataron a gente inocente"*, y como lo predice Abdías en los versículos 10 y 18, la nación de Edom desaparece de la faz de la tierra.
En Joel 3:21 (NVI) dice Dios: *"¿Perdonaré la sangre que derramaron? ¡Claro que no la perdonaré!"*, y desata su enojo contra Edom y otros pueblos.

Dios no dejó así nomás a quienes habían sufrido la devastación del ataque de otros ejércitos. Además de darle su merecido a quienes los atacaron y robaron, también recompensa y restaura a quienes fueron víctimas del ataque y fueron llevados como esclavos y les devuelve sus tierras y riquezas (lee Abdías vv. 19-21 y Joel 3:18).

El Señor está atento a quienes lo aman de corazón y se entregan a Él y lo adoptan como Señor; Él quiere ser nuestro justiciero, ser nuestro refugio y llenarnos de bendición. Amarlo significa seguirlo, seguirlo significa obedecerlo, y obedecerlo significa prestar atención a sus enseñanzas de vida. El que ama no daña sino que corrige para bendecirnos; así quiere ser Dios con nosotros.

El Señor ruge como si fuera un león desde Sión, desde Jerusalén lanza su grito, y la tierra y el cielo comienzan a temblar. ¡Pero el Señor protegerá a su pueblo, será un refugio seguro para Israel! Entonces se convencerán, por fin, que yo soy el Señor su Dios, y que habito en Sión, mi santo monte. Jerusalén será santa, y nunca más los extranjeros la volverán a invadir. (Joel 3:16-17)

Cierre (10')

Entrega papel y lápiz a tus pres y dales un tiempo para escribir alguna situación en la que se les trató injustamente o en la que fueron víctimas de algo que ellos no pudieron controlar. Mantente en oración sabiendo que el Espíritu Santo quiere actuar en limpiar el corazón de tus alumnos, y quizás recibas algunas confesiones que debes estar preparado para recibir.

Diles que pueden entregárselo a una persona de confianza o al líder cuando termina la reunión, o pueden romperlo en mil pedazos y tirarlo en una bolsa de basura porque ahora saben que Dios es justo y los ama, los defenderá como defendió a Israel y que lo único que necesitan hacer es abrir su corazón y seguirlo.

Cierra con una oración proclamando el amor de Dios, la victoria sobre las injusticias y las bendiciones que el Señor quiere darles.

Descarga las lecturas diarias *En familia* **desde** *www.e625.com/lecciones*

Lección 15 > AMÓS Y MIQUEAS

Amós

Su nombre quiere decir "llevador de cargas". Amós era recolector de higos. El profeta Amós, como Oseas (Os 1:1), fue llamado a dar su mensaje a las tribus del norte de Israel durante un tiempo de corrupción moral, y este libro habla de dos temas principalmente: la ausencia de verdadera adoración a Dios y la falta de justicia. Así como Oseas, Amós resalta la infidelidad del pueblo de Israel y presenta una serie de juicios de Dios en contra de las naciones y también condenación, pero luego restauración. Estudiaremos el libro de Amós pero no el de Oseas.

Miqueas

Su nombre es un juego de palabras que significa "¿Quién es un Dios como tú?". Miqueas fue un profeta contemporáneo de Isaías, y al igual que este, su mensaje era para Judá. Mientras Isaías profetizaba en los castillos porque tenía fácil acceso al rey, Miqueas profetizó en las afueras de Jerusalén, en la frontera de Judá con Filistea, cerca de Gat. Como el profeta Amós, vivía en un área agrícola y rural, lejos de la política y la religión. Miqueas condenaba las injusticias sociales y la corrupción religiosa, los mismos temas que Amós habló a Israel algunos años atrás.

Cuando Samaria cayó, miles de refugiados fueron a Judá trayendo sus dioses y rituales, provocando una desintegración de los valores morales personales y sociales, problema al cual Miqueas se abocó incisivamente. En esta lección estudiaremos al profeta Amós dirigiendo sus mensajes al reino del norte (Israel) y al profeta Miqueas dirigiéndose con el mismo mensaje a la región del sur (Judá) unos años después.

Bienvenida y preguntas de introducción al tema (10')

Antes de comenzar la lección y después de saludar a tus preadolescentes, toma tres minutos para hacer tres preguntas no personales, para que nadie se sienta intimidado (puede ser a toda la clase o puedes elegir a uno que sepas que se siente cómodo respondiendo delante de todos).

1. ¿Cuál es tu pasatiempo favorito cuando estás solo?
2. ¿Qué cosas son divertidas solo si se hacen entre muchos amigos?
3. ¿Alguna vez has hecho algo que jamás hubieras pensado que llegarías a hacer solo por estar con un grupo de amigos?

Muchas veces hacemos cosas verdaderamente torpes y sin pensar las consecuencias cuando nos mezclamos con las personas incorrectas. No es raro que una buena persona llegue a meterse en problemas por no quedar mal con supuestos amigos que parecieran pasarla muy bien haciendo maldades o burlándose de otros, y este no es tema ajeno en la Biblia. Miqueas estaba profetizando contra los habitantes de Judea; el pueblo de Dios se había mezclado con gente de los pueblos vecinos y habían adoptado muchas de sus costumbres, rituales espirituales y dioses. Dios está previniendo todo esto. Amós también los previene por haberse alejado de Dios, por haber fabricado dioses falsos y amar el mal.

Una llamada con mucha interferencia (20')

Divide al grupo en dos equipos de la siguiente manera: todos deben colocar el zapato derecho dentro de una bolsa grande o una caja, y los revolverás tanto como puedas. Los primeros zapatos que saques (según la cantidad de jugadores, será la mitad del grupo) serán de un equipo, y los que resten serán el otro equipo. Devuelve todos los zapatos y haz lo siguiente: coloca un participante del equipo 1 en un extremo del salón (si el salón es muy pequeño, vayan afuera) y el resto del equipo en el otro extremo. Haz lo mismo con el otro equipo, pero en los extremos opuestos. Al jugador que está solo entrégale unos audífonos con música seleccionada, un lápiz y un papel.

El resto del equipo recibirá un mensaje que deberá gritarle a su jugador: quiee logre copiar el mensaje de la manera más clara será el ganador.

Reglas: Los equipos no pueden escribir las palabras, y a su vez deben tratar de hacer la mayor cantidad de ruido y hablar fuerte para que el jugador del equipo contrario no logre escuchar el mensaje. La música no debe estar fuerte (si tu grupo es un grupo grande, puedes obviar la parte de la música y hacer la cantidad de equipos como puedas, siempre que no sean menos de seis personas por equipo).
Muy difícil era que la gente escuchara y entendiera el mensaje de los profetas. El "ruido" de las modas que se habían metido en la sociedad eran demasiado fuertes, y muchos de ellos se habían acostumbrado a ellas, pero los profetas no se callarían, ya que tenían un mensaje claro y fuerte de parte de Dios.

Algunos problemas en Israel y Judá (15')

Que algunos de tus adolescentes lea en voz alta los siguientes versículos y luego pregunta: ¿cuáles son los problemas o pecados del pueblo? ¿De qué los acusa el profeta?

Amós 4:1 / Amós 5:10-12 / Miqueas 2:1-2 / Miqueas 3:9-11

Opresión a los desvalidos, maltrato a los necesitados, injusticia, mentirosos, imponen impuestos, soborno, venden menos por más precio, engañan a la gente, hacen planes malvados, suben las rentas de las casas, violencia, etc. El pueblo de Dios (tanto Israel como Judá) estaba pasando un mal momento; ambos se habían alejado de Dios, y como consecuencia estaban haciendo cosas horribles contra los más necesitados. A veces, al juntarnos con las personas equivocadas hacemos cosas que sabemos que no deberíamos hacer, como cometer injusticias, burlas o maldades olvidándonos quiénes somos y quién es nuestro Dios.

Escribe en un papel en blanco si viene a tu mente una situación en la que estabas envuelto, a medida que vayamos leyendo la siguiente lista (mientras tus alumnos escriben, encomienda al Señor este momento y pídele que les revele con claridad lo que han hecho por presión del grupo). Puede ser que haya sido ofender a alguien, un acto de vandalismo como robar, romper la propiedad de alguien, o podría ser ver pornografía, horror y violencia, consumo de drogas, alcohol, tabaco y otros adictivos.

Comienza leyendo esta lista mientras tus alumnos escuchan.

. Si alguna vez has actuado injustamente contra alguien, te has burlado de su condición inferior, has maltratado a un compañero o hermano, si te olvidaste de quién eres y ofendiste al Señor, díselo a Él.

. Si alguna vez hiciste algo porque tus amigos lo hacían, porque lo miraban o porque lo usaban aunque sabías que eso no iba con tus reglas morales, este es el espacio para confesarlo.

. Si alguna vez robaste, rompiste algo ajeno a propósito, si engañaste a alguien por quedar bien con tus amigos, aquí puedes escribirlo.
. Si adoptaste una manera de vestir, hablar y comportarte solo porque los demás lo hacen pero sabes que no pega con tus valores morales y deshonra a Dios, aquí puedes escoger entregarle eso al Señor.

. Si alguna vez te cortaste, te lastimaste o hiciste algo contra tu cuerpo por sentirte incluido/a en un grupo, puedes confesarlo aquí, en este papel.

. Si alguna vez participaste de juegos inapropiados, sexuales o demoníacos, si hiciste juramentos y promesas que solo deberían ser hechos a Dios, aquí puedes escribirlo como una confesión al Señor.

Pregunta si alguien quiere compartir su experiencia; todos deben escuchar con respeto. Si así sucede, luego inmediatamente ora por tu alumno/a.

Cuando terminen de escribir, diles lo siguiente (10')

Dios conoce todo esto que escribimos en este papel. Él lo sabe todo y de Él no podemos escapar; conoce nuestros sentimientos y sabe por qué lo hicimos. Pero Él no nos persigue por nuestros errores, sino por su amor: Dios escogió amarnos y esperar a que nos diéramos cuenta de nuestro error (pequeño o grande), porque todos necesitamos confesarle ese "secreto" que nos mantiene apartados de Él.

¿Dónde hay otro Dios como tú, que perdona los pecados de los que aún quedan de su pueblo? Pues tú no retienes para siempre el enojo contra tu pueblo, porque amas la misericordia y el perdón más que la cólera y el castigo.)Miqueas 7:18)

El mayor placer de Dios es amar porque Él ES amor: no es que TIENE amor y por lo que hacemos se le acaba, sino que Él siempre nos ama porque es su esencia.

Lee los siguientes dos pasajes y luego respondan entre todos:

¡Hagan lo bueno y no lo malo, para que vivan! Solo así el Señor, Dios todopoderoso, verdaderamente será su ayudador, como ustedes lo han afirmado. Odien el mal y amen el bien [...] (Amós 5:14-15)

Ya el Señor les ha dicho qué es lo que él espera que ustedes hagan. Ya él les ha enseñado lo que es bueno y espera que ustedes hagan. Lo que el Señor les pide es que practiquen la justicia, que sean misericordiosos y que vivan siguiendo fielmente sus instrucciones. (Miqueas 6:8)

- ¿Qué estaba pidiéndoles Dios a través de los profetas? *(Que amen hacer el bien; no que lo hagan porque es lo correcto, sino que amen hacer el bien)*
- ¿Qué significa hacer el bien? *(No es portarnos bien, como niños buenos y aburridos, ¡sino disfrutar con los demás!)*
- ¿Cuándo y a quién? *(Siempre que podamos y a todos los que podamos)*
- ¿Qué significan en la práctica estas declaraciones que estamos haciendo? *(Cambiar de actitud —puedes dar algunos ejemplos—)*
- ¿Tenemos que hacer el bien para que Dios nos ame? *(¡NO! Lo vimos en Miqueas 7:18)*
- ¿Por qué será que el profeta Amos dice "y vivirán"? *(Porque el pecado trae muerte y consecuencias de muerte, y no solo muerte física sino también espiritual: tristeza, soledad, frustración, etc. - Leer Salmos 41:1-2)*
- ¿Por qué será que el profeta Amós dice: "Solo así el Señor, Dios todopoderoso, verdaderamente será su ayudador"? (5:14) *(Ver Proverbios 3:1-8 y 3:21-26)*

- Miqueas nos dice que el Señor ya expresó lo que se espera de nosotros. ¿Qué es? (*Amar la justicia, la misericordia y humillarnos ante Dios*)
- ¿Cómo será *practicar la justicia*?
- ¿Cómo será el *amar la misericordia*?
- ¿Qué significa *humillarnos ante Dios*? (*Es una manera de reconocer quién es Dios y nuestra necesidad de Él pidiendo perdón por nuestras faltas*)

Si quieres entregar tu papel a alguien o prefieres romperlo, puedes hacerlo. Ya sabemos cuáles son las promesas de Dios (nos perdona porque nos ama) y sabemos también cómo debemos actuar de ahora en más, sabiendo con certeza quién es Él y cómo nosotros debemos honrarlo.

Descarga las lecturas diarias *En familia* **desde** *www.e625.com/lecciones*

Lección 16 > ISAÍAS

Isaías fue el profeta que ministró durante el reinado de cuatro monarcas de Judá: Uzías, Jotam, Acaz y Ezequías. Su nombre significa "Jehová es salvación" y pertenecía a una familia de influencia con acceso al rey. Fue criado en Jerusalén y tenía conocimientos de política y religión, lo que lo distinguía de los demás profetas que eran hombres más simples.

Históricamente, Isaías fue comparado con grandes pensadores no solo por su mensaje sino por lo extraordinario de la manera en que escribía. El enfoque de su mensaje fue hacia el reino del sur; condenó la idolatría y, aunque su mensaje fue de condenación, también profetizó esperanza y futuro más que cualquier otro profeta. Isaías provee información acerca del futuro de Israel en la tierra, es el profeta más mencionado en el Nuevo Testamento y su palabra tiene gran peso por la gran cantidad de profecías cumplidas.

También conocido como "el profeta evangélico", Isaías habló mucho de la gracia de Dios, especialmente en los últimos veintisiete capítulos. El capítulo 53 es el central, haciendo un retrato de Cristo como el Cordero inmolado de Dios, pero en esta lección vamos a destacar otro tema central, la santidad, viendo el capítulo 6.

Bienvenida y preguntas de introducción al tema (10')

Antes de comenzar la lección y después de saludar a tus preadolescentes, toma tres minutos para hacer tres preguntas no personales, para que nadie se sienta intimidado (puede ser a toda la clase o puedes elegir a uno que sepas que se siente cómodo respondiendo delante de todos).

1. ¿Quién es Dios para ti?
2. ¿De qué maneras servimos al Señor?
3. ¿Quiénes son las personas que más conocen a Dios?

Muchas veces tenemos prejuicios en cuanto a quién es Dios; creemos que debemos saber la respuesta adecuada, pero Dios no es igual para todos. También nos limitamos a creer que ciertos roles dentro de la iglesia son los trabajos de servicio al Señor y definitivamente creemos que los que más conocen de Dios son aquellos que enseñan o hablan de parte de Dios. En el libro de Isaías hay cantidad de profecías de parte de Dios hacia varios pueblos, no solo para Israel y Judá; hay promesas, condenación y restauración, pero el capítulo 6 es muy interesante, ya que ahí descubriremos a Isaías mostrando a Dios de una manera nueva e increíble.

Carrera de meseros a oscuras (20')

Divide al grupo en equipos de cuatro a seis jugadores. Para dividirlos puedes conseguir una plancha de etiquetas de círculos pequeños de colores y a medida que van llegando a la clase vas pegándoles equitativamente un pequeño círculo de color a cada jugador. Luego pídeles que se agrupen según su color, y luego los equipos se dividirán nuevamente de a dos jugadores como parejas: uno de los dos se vendará los ojos, el otro será su guía.

Necesitarás preparar de antemano un pequeño circuito de dos o tres mesas (dependerá de la cantidad de objetos o cantidad de jugadores) con los mismos objetos — para cada equipo— arriba de la mesa, vasos de plástico y platos de papel. Comienza la pareja 1: el jugador con los ojos vendados deberá caminar hasta la mesa, guiado por su amigo que deberá darle las instrucciones desde el punto de salida sin moverse de allí. Al llegar a la mesa, deberá reconocer los elementos por el tacto y apilar un plato y un vaso y llevarlo a la mesa 2, todo bajo la dirección de su compañero. Cuando llega a la mesa 2, debe colocar la pila sobre la mesa sin que se caiga, y el siguiente jugador vendado debe tomar la pila, agregar un plato y un vaso y llevarlo a la mesa 3, guiado por su compañero desde el punto 2 (que sería la segunda mesa). En la mesa 3, el jugador 2 debe dejar la pila que llevaba en sus manos y el tercer jugador vendado debe colocar un vaso más y un plato más y llevarlo a la mesa final.
Esto se hace a modo de carrera entre los dos o más equipos. Si no tienes demasiados jugadores, el guía puede ser el mismo para los cuatro jugadores. También puedes utilizar a los líderes o a padres para que sea más divertido. Si se cae la pila debe recoger todo, volver a la mesa e intentar nuevamente.

Lo que es tan simple se hace complicado sin la vista, y hasta se transforma en un objeto extraño. La mayoría de nosotros estamos tan acostumbrados a ver las cosas de todos los días que ya no les prestamos atención, pero cuando las manipulamos de una manera diferente entonces toman otro sentido.

Ideas principales (15')

Isaías pasó por una experiencia parecida: llevaba palabra de condenación a reyes y príncipes de los diferentes reinados, luchó contra la hipocresía, la injusticia y la presión (por eso se jugaba la vida constantemente). Él sabía lo que era no ser popular y todas las consecuencias que significaban comunicarle a estas personas poderosas la verdad de Dios. Isaías conocía a Dios, escuchaba su voz y la obedecía, pero en el capítulo 6 podemos ver que incluso Isaías tuvo que aprender a conocer a Dios, y aunque lo había servido muchas veces, todavía el Señor tenía mucho que mostrarle.

Lee con atención Isaías 6:1-8. A pesar de que era profeta, recién en el capítulo 6 es como si lo hubiera redescubierto. ¿Qué cosas podemos destacar de la lectura? Ve escribiendo en una pizarra o lugar visible las pistas:

Descarga el apartado *Complementario* **desde** *www.e625.com/lecciones* **donde encontrarás la hoja** *Detalle de Isaías 6:1-8,* **y entrégale a cada alumno la hoja de trabajo** *Entre Dios y yo.*

Conclusión (5')

Dios siempre tiene un mejor plan que el que nosotros creemos tener porque pensamos que lo conocemos y que no hay nada nuevo debajo del sol, pero cuando nos encontramos en su presencia y Él se revela a nosotros como "el que es" en su sublime esencia y en su infinita santidad, no nos queda más que reconocer quiénes somos para Él. Y no importa si somos un preadolescente o el profeta más reconocido de la Biblia, el pastor con la iglesia más grande o una persona que pocos conocen; Dios es Dios y es infinitamente santo, y ante esta santidad todos somos pecadores, y hasta que no reconozcamos nuestra condición delante de Él, no puede santificarnos.

Dios quiere hacernos santos no para que nos portemos bien, no para que piensen que somos buenas personas, sino para poder estar en su presencia y para que Él pueda usarnos con poder; por eso, necesitamos de Jesucristo, quien mediante su muerte nos limpia y santifica para poder relacionarnos con el Padre.

A veces nos da miedo pensar que Dios tiene un plan para nosotros, y quizás por eso se pregunta: "*¿A quién enviaré?*", pero si confiamos en sus promesas y en su majestuoso poder, entonces Él nos mostrará un futuro al que no podremos más que decir "envíame a mí".

Termina en oración reconociendo que necesitamos ser purificados para entrar a la presencia de Dios, para que así Él pueda comunicarnos su plan para nuestra vida y nos encomiende según sea su voluntad. Da gracias por todo y pide que se revele a los chicos, para que pueda trabajar en sus corazones.

Descarga las lecturas diarias *En familia* **desde** *www.e625.com/lecciones*

Lección 17 > NAHÚM, SOFONÍAS Y HABACUC

La importancia de los profetas no radica en ellos mismos sino en su mensaje, por lo que no hay mucha información en la mayoría de los libros de los profetas menores. Estos tres profetas se alinean cronológicamente y tienen en común profecías relacionadas con el poder de Asiria con su capital en la gran ciudad de Nínive (que un siglo antes había sido confrontada por Dios a través de Jonás). Nuevamente está repleta de maldad; sus ejércitos sedientos de sangre arrasaron pueblos enteros y apilaban sus cuerpos como montañas para desplegar un espectáculo de poder.

Nahúm es quien primero predice la caída de Nínive por su maldad y cómo el desborde del río Tigris destruirá sus murallas. Profetiza además la desaparición de la ciudad (3:11), lo cual sucedió después del ataque babilónico en el 612 a.C. Fue tal la destrucción que no se encontraron los restos de la ciudad hasta el año 1842 de nuestra era.

Sofonías profetizó durante el reinado del rey Josías. Luego de que Asiria perdió poder y el control de la región, el dominio de Nínive se debilitó y por primera vez en cincuenta años Judá saborea independencia —al menos por un tiempo—. Gracias a la influencia de Sofonías y sus profecías (quien tenía sangre noble) y de haber encontrado el libro de la Ley, el rey Josías comienza a hacer lo bueno delante de Dios y trae grandes reformas en el gobierno, durante el cual Sofonías profetizó contra varias naciones y pueblos vecinos de Judá. También afirma la suerte que le correrá a Nínive, así como lo hicieran Nahúm y Habacuc.

El libro de **Habacuc** comienza con un reclamo a Dios por el tiempo que está tardándose en vengar la injusticia de la violencia de los asirios. Dios le da una visión y le dice que escriba en detalle el fin de Nínive por todos sus pecados y su comportamiento sangriento (su profecía incluye el ataque babilonio para destruir Nínive).

Bienvenida y preguntas de introducción al tema (10')

Antes de comenzar la lección y después de saludar a tus preadolescentes, toma tres minutos para hacer tres preguntas no personales, para que nadie se sienta intimidado (puede ser a toda la clase o puedes elegir a uno que sepas que se siente cómodo respondiendo delante de todos).

En la escuela, un tío, un líder en la iglesia, incluso los adultos pueden tomar ventajas de su poder o autoridad.

1. ¿Has pasado alguna situación de *bullying* de parte de alguien más grande o de un adulto? Compártela brevemente.
2. ¿Cómo te hizo sentir el no poder defenderte?
3. ¿Te has vengado de esa injusticia? ¿Alguien te defendió o salió a la luz lo que había pasado?

En algún momento de nuestra vida alguien mayor puede hacernos *bullying*, puede despreciarnos, hacernos sentir inferiores o cometer una gran injusticia contra nosotros; algunas veces serán algo mayor a nosotros (un hermano mayor, alguien de un grado más alto en la escuela, un vecino más grande, el hermano mayor de un amigo) y otras veces serán adultos, una maestra, o hasta un padre.

En los tres libros de estos profetas el pueblo del Señor estaba siendo maltratado, les cobraban impuestos, los mataban, los esclavizaban; el enemigo era terriblemente cruel. Los asirios que tenían su capital en la ciudad de Nínive eran sangrientos y crueles: no solo mataban a cuanto pueblo se le oponía sino que alardeaban de su crueldad y mutilaban a sus enemigos, haciendo pilas con sus cuerpos o partes de ellos. Eran verdaderamente sangrientos y lo disfrutaban. Conociendo a Dios, Él no permitiría que las cosas quedaran así, por lo que pronto veremos cómo terminan todos ellos por maltratar al pueblo de Dios.

Actividad (20')

Haremos la típica cinchada de sogas, donde dos equipos compiten y el más fuerte gana. Necesitarás una soga gruesa, una cinta de color en el medio de la soga y una cinta adhesiva de color para marcar en el piso tres rayas: el punto medio donde comenzará la cinchada y dos marcas a un metro de la cinta central hacia los extremos. Los equipos se colocan cada uno a un extremo de la soga y a la señal comienzan a tirar. El equipo que logra que la marca del metro cruce hacia su lado, es el ganador.

Divide a los equipos *injustamente* de la siguiente manera:

Primera cinchada: chicas de un lado, varones del otro. Si no hay muchos varones, los líderes deben ser parte del equipo (queremos demostrar visiblemente lo injusta que será la batalla).

Segunda cinchada: colócalos de mayor a menor en una hilera y divídelos en dos: los más altos y grandes contra los más pequeños.

Tercera cinchada: líderes contra alumnos, misma cantidad de cada lado (pide a varios padres que se presten a ganar rotundamente una cinchada contra sus hijos).

Al terminar, pregúntales: *¿Cómo se sintieron al perder? Si hubiera sido un campeonato por un premio de mil dólares, ¿qué hubieran hecho para que sea más justo? Si el que hace las reglas de juego y dirige las competencias es así de injusto con los más débiles, ¿cambiaría si fuera el padre de alguno de ustedes? ¿Qué harían al respecto?*

Si algo de esto hubiera sido tan serio, es muy probable que se sintieran desanimados, enojados por la injusticia obvia de la desventaja y quizás frustrados por no poder defenderse, pero si tu padre fuera quien puede hacer algo al respecto, probablemente podríamos predecir cuál sería el resultado de quienes cometen las injusticias. Así pasó con el pueblo de Judá y estos tres profetas; todos ellos estaban viviendo las injusticias de ser dominados por alguien más grande, robándoles y matándolos con placer. Por años y años tuvieron que ver que estos se salían con la suya, crecían y eran cada vez más poderosos, pero Dios no deja pasar las injusticias (aunque a veces pareciera que se tarda): Él conoce nuestro sufrimiento y solo desea que confiemos en su misericordia y en su castigo para quienes tratan de burlarse de sus hijos.

Injusticia versus Dios (20')

Entrégales a tus preadolescentes la hoja de trabajo y dales al menos diez minutos para responder. Luego de terminado el tiempo para contestar, entre todos respondan las preguntas leyendo los versículos. Sé sensible en la primera pregunta; si nadie desea contestar, está preparado para contar alguna experiencia personal.

Descarga el apartado *Complementario* **desde** *www.e625.com/lecciones* **donde encontrarás la hoja de trabajo correspondiente.**

Cierre (5')

El Señor quiere defenderte. Él conoce bien todos nuestros sufrimientos, sabe cuándo pasamos por injusticias y no va a dejar que las cosas queden así. Nahúm 1:7 dice: *"El SEÑOR es bueno. Cuando llegan la angustia y la desesperación él es el mejor refugio. Protege a todos los que en él ponen su confianza; él conoce bien a los que le son fieles".* Por la misma razón, es importante ser siempre compasivos con nuestros hermanos, porque Él es Señor de ellos también y es celoso de cada uno de sus hijos. Nadie se burla de Dios y por ende nadie se burla de nosotros porque somos sus hijos. Él es nuestro refugio y protector de los que en Él confían.

Descarga las lecturas diarias *En familia* **desde** *www.e625.com/lecciones*

Lección 18 › EZEQUIEL Y DANIEL

Ezequiel

Su nombre significa "fortaleza de Dios" y desde muy joven recibió de Dios su llamado a profetizar. El mensaje que debía comunicar al pueblo de Israel —cautivo con él en Babilonia— era simple pero terrible: su tarea era advertir la catástrofe y afirmar que este era el plan de Dios para su pueblo a causa de su propia rebeldía. La ciudad de Jerusalén y el templo de Jehová serían destruidos, pero también Dios perdonaría a quienes se arrepintieran y guardaran sus mandamientos.

Daniel

Su nombre quiere decir "Dios es mi juez", y fue un joven conforme al corazón de Dios ante las presiones y terribles amenazas contra su vida y la de sus amigos. Siempre eligió seguir a Dios; vivió como israelita cautivo en Babilonia y Dios lo llamó a profetizar las cosas que haría con su pueblo luego de que Jerusalén fuera destruida a causa de la rebeldía israelita. Por las capacidades que Dios le dio, se desempeñó como consejero del rey Nabucodonosor. Vivió en el mismo tiempo que Ezequiel.

Bienvenida y preguntas de introducción al tema (10')

Antes de comenzar la lección y después de saludar a tus preadolescentes, toma tres minutos para hacer tres preguntas no personales, para que nadie se sienta intimidado (puede ser a toda la clase o puedes elegir a uno que sepas que se siente cómodo respondiendo delante de todos).

1. Cuando llegas a la escuela y te sientas cómodamente, ¿qué es lo peor que un maestro puede decir?
2. ¿Qué frases nos repiten todo el tiempo mamá y papá (o algún adulto) como si fuéramos bebés?
3. ¿Qué noticia que te dijeran al despertar te alegraría el resto del día?

Ezequiel y Daniel eran muy jóvenes cuando Dios los llamó a ser profetas. Vivieron en el mismo tiempo y lugar y fueron llevados en cautiverio a Babilonia junto con muchos israelitas más, pero ambos tuvieron un papel importante ya que fueron los responsables de comunicar lo que Dios quería: que dejen la conducta de rebeldía, se arrepientan y sepan que Dios quiere lo mejor para ellos. Cada uno tenía un mensaje específico: Ezequiel para el pueblo y Daniel para Nabucodonosor, el rey de Babilonia.

Mensajes con sentimientos (15')

Haz carteles con mensajes que tengan que ver con lo que más les interesa y con aquello que menos les gusta (para esto, es necesario que conozcas a tu grupo). Aquí hay algunos ejemplos, pero tú debes inventar más frases según lo que sepas de tus alumnos:

* *Mañana tendrán un examen.*
* *La semana que viene se van de viaje a un lugar fantástico.*
* *Esta misma tarde te espera una hermosa sorpresa.*
* *Abróchate el cinturón de seguridad cuando viajes en automóvil.*
* *Levanta la ropa del piso.*
* *¿Quién quiere helado?*
* *¿Hiciste tu tarea?*
* *Bien hecho, excelente trabajo.*
* *Vamos a visitar a los abuelos.*

Un voluntario pasa a leer los siguientes mensajes y el grupo debe darle puntaje a la frase que escucharon (le darán **un punto a la peor frase** —aquella que no quieren escuchar— y **cinco puntos a la mejor frase** —aquella que sí quieren escuchar—).

Preguntas para el diálogo:
¿Por qué otorgaron ese puntaje?
¿Qué pasa cuando escuchamos cosas que no nos gustan tanto?

Repaso de los libros (15')

En aquel tiempo los israelitas eran tercos y hacían las cosas según sus propios pensamientos y como les parecía, sin consultar ni tener en cuenta a Dios, es decir, vivían en continuo pecado. Cuando Dios le habló a Ezequiel le advirtió que el pueblo no iba a querer escucharlo porque era obstinado, pero le pidió no callar sino hablar igual; de ellos sería la decisión de escuchar el mensaje de Dios o no (Ezequiel 2:1-9; 3:7-10).

Dios luego le habló a Ezequiel otra vez y le pidió que le hablara a la gente de Israel para que vuelvan de su mal comportamiento, para que tengan vida, porque los amaba profundamente. Si los israelitas seguían tan tercos morirían, y por eso Dios le pidió a Ezequiel que les hablara para que se arrepintieran y no murieran. Sin embargo, le advirtió que la decisión de arrepentirse o no estaba en ellos mismos pero que si él no se los comunicaba, estarían perdidos.

Leer Ezequiel 3:16-19. ¿Cómo reaccionamos cuando vemos a alguien hacer cosas inapropiadas? ¿Es más fácil quedarse callado o decir la verdad de Dios?

Otro joven que tuvo que hablar y no quedarse callado fue Daniel, quien llegó a ser consejero del rey Nabucodonosor, lugar que obtuvo porque Dios le había dado la capacidad de interpretar los sueños. El rey había tenido un sueño cuyo significado no comprendía pero que lo preocupaba en gran manera; buscó entre sus consejeros sabios y ninguno pudo interpretar el sueño que había tenido, entonces le recomendaron buscar el consejo de Daniel (Dn 2:1-3).

Daniel creía en Dios y confiaba en Él; sabía que si no interpretaba el sueño del rey su vida estaría en peligro, por lo que le pidió a Dios que le diera la interpretación del sueño, y así fue. Dios escuchó a Daniel y le dio la interpretación para el rey Nabucodonosor (para conocer el sueño que el rey había soñado y su interpretación, leamos juntos Daniel 2:36-49).

En Daniel, 3 el rey mandó a hacer una gran estatua de su imagen para que todos en Babilonia lo adoraran, pero los únicos que no adoraron la estatua del rey fueron Daniel y sus amigos, quienes también eran sabios y temerosos de Dios. El rey se enfureció y los envió a un gran horno para quemarlos, ¡pero Dios puso un ángel para cuidarlos y salieron vivos! ¡Y hasta el rey adoró a Dios! (Daniel 3:19-28).

Daniel tuvo la valentía de hablar con un rey acerca de las cosas que Dios quería mostrarle y fue valiente al rechazar adorar a otros dioses, aun poniendo en riesgo su vida. Daniel y Ezequiel fueron valientes cada uno en el lugar donde Dios los puso para hablar: Daniel habló con tres reyes a lo largo de su vida sobre Dios y sus planes, y Ezequiel, mientras vivió, se preocupó de hablar con los judíos para que se arrepintieran y volvieran a Dios.

¿Qué es lo que nos detiene para compartir de Jesús con los demás? (5')

Escribe en una pizarra las razones que vayan dándote, como por ejemplo:

- Siento timidez
- Tengo temor a que me rechacen
- Creo que no es importante que les hable
- No sé cómo hablar con mis amigos, familia, etc.
- Creo que no va a interesarles

Cuéntales a tus preadolescentes alguna situación personal donde hayas experimentado alguno de los sentimientos comentados anteriormente y cómo lo resolviste. Compartan también maneras en las que pueden hablar de Jesús y de su obra en la cruz.

Cierre (5')

Los cristianos tenemos un mensaje importante que compartir con los demás: el mensaje de amor y salvación de Jesús. Dios amó tanto a las personas que envió a su hijo Jesús para que muera por ellas y para que todos los que crean en Él tengan vida eterna (Jn 3:16). Este mensaje es único y poderoso y todas las personas (amigos, familiares, compañeros de la escuela, etc.) necesitan escucharlo. Cuando Cristo es el centro en la vida, todo tiene sentido. Algunas veces vamos a tener que afirmarnos en nuestras convicciones y decir como Daniel *"No voy a contaminarme"*, y el Señor te respaldará como lo hizo con Daniel y sus amigos.

No siempre será fácil hablar de Dios, de su amor y de las cosas que nos ha enseñado a través de su Palabra porque tenemos miedo a ser mal vistos o a que se nos burlen o "nos incendien", pero Dios está justo ahí donde lo necesitamos. Tenemos que tener la fe y la confianza de dar la vida por la causa de Jesús. ¿Acaso Él no la dio por ti?

Ustedes son la luz del mundo. Una ciudad asentada sobre un monte no puede esconderse. Nadie enciende una lámpara para esconderla bajo un cajón, sino que la pone en alto para que alumbre a todos los que están en la casa. ¡Así dejen ustedes brillar su luz ante toda la gente! ¡Que las buenas obras que ustedes realicen brillen de tal manera que la gente adore al Padre celestial! (Mateo 5:14-16)

Ora por tus alumnos para que Dios les dé lo que les falta para llevar su mensaje (según lo que compartieron) y anímalos a compartir a Jesús con sus amigos en la semana, a invitarlos a que vengan a la iglesia la próxima vez. Sé también de ejemplo y comparte con tus vecinos, compañeros de trabajo o familiares acerca del Señor y comparte tu experiencia la próxima vez.

Despídelos en oración y bendición.

Descarga las lecturas diarias *En familia* **desde** *www.e625.com/lecciones*

Lección 19 > JEREMÍAS Y LAMENTACIONES

Los libros de Jeremías y Lamentaciones son libros con clamores a Dios por las desgracias que les habían sobrevenido por no arrepentirse, irse tras otros ídolos y deshonrar a Dios. Josué había profetizado muchos años antes la destrucción de Jerusalén (Jos 23:15-16) y Jeremías había sido burlado por predecir lo mismo (Jer 1-35). Cuando se cumple el juicio a través del rey Nabucodonosor y la captura de Judá a Babilonia, Jeremías responde con gran dolor, tristeza y sufrimiento.

Jeremías

Fue un sacerdote y profeta, conocido como "el profeta que llora". Tuvo una vida de mucho sufrimiento, comparándola así con el sufrimiento de Israel. Su mensaje era principalmente para Judá, pero en ocasiones vemos cómo profetiza contra otras naciones. El rey Josías se fue con un remanente judío que huyó a Egipto y fue llevado cautivo a Babilonia por el rey Joaquín cuando invadió Egipto. Los temas principales de Jeremías son el juicio sobre Judá y la restauración del futuro reino mesiánico.

Lamentaciones

Se cree que su autor fue Jeremías por algunas indicaciones del lenguaje paralelo con el libro de Jeremías y por Jeremías 7:29 y 2 Crónicas 35:25, entre otros. Se tradujo del griego *Ekah* ("clamores fuertes"). Como su nombre lo dice, el libro contiene lamentaciones que recuerdan el sufrimiento por la caída de Jerusalén bajo el poder de Nabucodonosor. Este libro mantiene el recuerdo vivo de las glorias pasadas y enseña cómo enfrentar el sufrimiento.

Bienvenida y preguntas de introducción al tema (10')

Antes de comenzar la lección y después de saludar a tus preadolescentes, toma tres minutos para hacer tres preguntas no personales, para que nadie se sienta intimidado (puede ser a toda la clase o puedes elegir a uno que sepas que se siente cómodo respondiendo delante de todos).

1. ¿Has sentido mucha tristeza alguna vez? ¿Qué la provocó?
2. ¿Algún amigo cercano ha pasado por algo muy difícil que le ha provocado estar triste por mucho tiempo?
3. ¿Cuál fue la mejor manera de pasar la tristeza?

Algunas cosas en la vida son difíciles de pasar: la pérdida de un ser querido, de una mascota, mudarse de ciudad y dejar a los amigos atrás, el divorcio de los papás y otros, son cosas que producen un profundo dolor por bastante tiempo. Esto también pasó en la Biblia en estos dos libros que vamos a estudiar. Uno es el libro de **Jeremías**, un sacerdote y profeta que pasó por muchos dolores y sufrimientos; escribió sobre el dolor del pueblo de Israel que estaba bajo el dominio de otros reyes y naciones, eran esclavos y sufrían todo tipo de dolor, castigos, trabajos forzados, hambre y abusos de quienes los dominaron. El otro libro se llama **Lamentaciones**, se cree que el autor fue Jeremías y también expresa en sus páginas este mismo dolor.

La Biblia fue escrita hace mucho tiempo pero podemos ver en sus páginas que la gente ha pasado por tiempos difíciles desde el principio de la humanidad. Hoy veremos cómo podemos pasar esos momentos, seguir adelante y resurgir de la tristeza profunda a un gozo eterno.

Tengo un problema en mis manos (15')

Diles a tus preadolescentes que van a jugar un juego que requiere de la participación de algunos voluntarios caraduras (si la mayoría son tímidos, tendrás que acudir a la ayuda de algunas barras de chocolate). Este será un juego de desafíos tipo "Verdad o Consecuencia"... pero sin la parte de "verdad". Algunos de los desafíos serán inocentes y cualquiera podrá hacerlos, pero otros puede que necesiten un poquito más de coraje (lo que sí les aseguraremos es que ninguno será inapropiado).
Cada uno de los jugadores sacará una de las tarjetas de la pila que tendrás que preparar. Luego de leer lo que dice la tarjeta en voz alta, podrán decir una de dos cosas: "¡No hay problema!" y completar el desafío, o podrán decir "Tengo un problema en mis manos", volver a colocar la tarjeta en la pila y sacar una nueva. La condición es que ael segundo desafío deben hacerlo sí o sí, sea más fácil o más difícil. No se puede volver a la tarjeta anterior, y todo el que complete el desafío recibirá su barra de chocolate.

Descarga el apartado *Complementario* **desde** *www.e625.com/lecciones* **donde encontrarás la hoja** *Tengo un problema en mis manos.* **Deberás cortar los cuadrados para usarlos como tarjetas.**

Luego de jugar este juego por diez minutos, haz las siguientes tres preguntas:

1- ¿Por qué lo que para algunos es un problema hacerlo, para otros no es problema en absoluto?
2- ¿Por qué es que una situación se transforma en un problema?
3- ¿Por qué hay personas que parecen tener más problemas que otras?

Gran problema / No hay problema (15')

Pega en un lado del salón un cartel que diga "Gran problema" y del otro lado del salón otro que diga "No hay problema". Luego diles que, al ir escuchando las siguientes frases que leerás, deberán levantarse de su silla e ir al lado del salón donde esté el cartel correcto según la situación que se menciona.

Descarga el apartado *Complementario* **desde** *www.e625.com/lecciones* **donde encontrarás la hoja** *Gran problema / No hay problema.*

Todos tenemos problemas en algún momento ya que son parte del vivir, solo que a veces en esta etapa de la vida los problemas comienzan a ser un poco más grandes a medida que también los derechos y las obligaciones crecen; es la manera en que vamos preparándonos para la adultez.

Problemas y esperanza (15')

- Jeremías profetiza la calamidad que vendría sobre el pueblo de Dios si no se arrepentía de adorar a dioses ajenos y se alejaba de la maldad. Él tenía un problema en sus manos: debía dar las malas noticias como advertencia (Jer 7:1-11).

- No solo era un mensaje de advertencia que no deseaban escuchar, sino que Jeremías mismo sufriría las consecuencias de sus advertencias. El profeta tenía un gran problema en sus manos (Jer 20:1-2; 37:13-16; 38:4-6).

- Israel tenía un gran problema en sus manos: se había alejado de Dios y ahora sufría las consecuencias de sus malas decisiones. Como lo profetizó Jeremías, Babilonia se llevaría cautivo a Judá y sufrirían siendo esclavos, pero ellos no quisieron escucharlo y ahora era demasiado tarde (lee Lamentaciones, y deja que ellos escojan versículos que afirmen lo dicho).

- El Señor siempre tiene un plan (Jer 46:27-28; 50:4-7, 33-34). Dios, en un futuro, reconstruirá todo lo que quedó en ruinas. Él cumple sus promesas y siempre busca el bienestar de los que ama.

Conclusión y cierre (5')

Lo que se cuenta en estos dos libros es la infidelidad del pueblo que da tristeza a Dios, y también a Jeremías, quien sufre por profetizar lo que pasaría y por ver sufrir al pueblo durante su cautiverio en Babilonia. Todo el libro de Lamentaciones contiene quejas, llanto y sufrimiento, y esto nos enseña que es válido sentirse triste, llorar y hacer duelo por lo que se pierde o lo que sufrimos; lo que no es válido es quedarnos en ese estado, porque las consecuencias se sufren pero se aprende de ellas, aprendemos a vivir mejor, a confiar en el Señor, y entendemos por qué es bueno obedecerle (porque la obediencia es el lenguaje de amor de Dios y Él siempre está cerca de quienes lo buscan y obedecen). En sus promesas está nuestra esperanza.

Buscar y leer de la Biblia el pasaje de Romanos 5:1-5 (NBV)

¿Promete Dios en algún lado de la Biblia que nunca tendremos problemas si somos cristianos? No. ¿Y qué nos promete? Estar con nosotros en medio de los problemas, y que el Espíritu Santo nos guiará con sabiduría si estamos dispuestos a obedecer.

Buscar y leer de la Biblia el pasaje de Romanos 15:13 (NBV)

Cierra en oración preguntando a tus alumnos por qué cosas pedir al Espíritu Santo, para que nos guíe a encontrar consuelo, esperanza y sabiduría para tomar decisiones inteligentes y maduras que nos lleven a una plenitud en Jesús.

Descarga las lecturas diarias *En familia* **desde** *www.e625.com/lecciones*

Lección 20 > HAGEO Y ZACARÍAS

Luego de setenta años de cautividad de Israel en Babilonia, como resultado de la proclamación de Ciro de Persia, en el año 538 a.C. se le permitió a un primer grupo regresar a Jerusalén bajo el mando y liderazgo de Zorobabel y de Josué como sumo sacerdote (Es 1:1-4). Al llegar a la ciudad santa comenzaron con la reconstrucción del templo que había quedado en ruinas. Por la opresión continua de sus vecinos y la indiferencia de los mismos judíos, la obra fue abandonada, y es ahí cuando Hageo y Zacarías entran en acción, siendo enviados por Dios para alentar al pueblo a reconstruir el templo y a reordenar sus prioridades espirituales.

Aunque trabajaron en equipo, el mensaje de Hageo fue enfocado en la reconstrucción del templo y en reprender al pueblo por su indiferencia, pecado y falta de fe en el Señor. En cambio Zacarías, haciendo honor a su nombre, buscó alentar al pueblo a edificar el templo, confiados en la promesa de que un día vendría el Mesías a habitar en él, recordándoles las promesas y el pacto del Señor de restaurarlos y bendecirlos.

Se piensa que los capítulos 9-14 fueron en un período más tarde en su ministerio, terminando durante el reinado de Jerjes, el rey que hizo a Ester reina de Persia.

Hageo

Su nombre quiere decir "festivo" (probablemente haya nacido en un día festivo) y es el segundo libro más corto del Antiguo Testamento.

Zacarías

Su nombre significa "Jehová recuerda". Al igual que Jeremías y Ezequiel, Zacarías era también sacerdote (Neh 12:12-16) contemporáneo con Hageo y comenzó a profetizar dos meses después de él. Era además más joven que Hageo (2:4).

Bienvenida y preguntas de introducción al tema (10')

Antes de comenzar la lección y después de saludar a tus preadolescentes, toma tres minutos para hacer tres preguntas no personales, para que nadie se sienta intimidado (puede ser a toda la clase o puedes elegir a uno que sepas que se siente cómodo respondiendo delante de todos).

1. ¿Qué cosas te llenan de energía y te hacen estar muy motivado y activo?
2. ¿Qué cosas o situaciones te hacen perder el ánimo?
3. ¿Cuándo fue la última vez que te enojaste, frustraste y perdiste el ánimo por algo? ¿Qué fue?

El pueblo de Israel había sido llevado cautivo a Babilonia hacía 70 años. Finalmente, un rey llamado Ciro de Persia deja ir a un primer grupo de unos cincuenta mil judíos para que regresen a su ciudad, Jerusalén, guiados por sus líderes: Zorobabel y Josué. Al principio con emoción y alegría por ser dejados volver a su país, el pueblo marchó feliz, pero al llegar encontraron todo destruido: el templo de Dios, sus casas y toda la ciudad. Comenzaron a reconstruir los lugares donde poder vivir, pero pronto empezaron a olvidarse de reconstruir la casa de Dios; además, los pueblos vecinos empezaron a causar problemas, a acusarlos con el rey, a producir división entre el pueblo y a amenazar con atacarlos si seguían con el plan de reconstruir su templo. Por esto, en poco tiempo la obra quedó parada. La división, el desastre de la ciudad y el poco apoyo del pueblo desanimó tanto a todos que perdieron la alegría de poder volver a construir el templo para el Señor y adorarle ahí.

¿Qué es y dónde está? (15')

Divide a tu grupo en equipos (pueden ser chicas contra chicos, o puedes aun dividirlos más separándolos por grado además de género o pueden jugar individualmente). Toma fotos de los lugares más populares de tu ciudad —aquellos a los que tus preadolescentes les encanta ir o por donde pasan casi todos los días; puede ser la pizzería más concurrida, la estación de tren, la plaza principal, la heladería, etc.— pero toma la foto desde una perspectiva poco común (por ejemplo, desde adentro hacia fuera, a una cuadra del lugar, una foto del mozo que atiende, etc.). Enumera las fotos y colócalas en una mesa en el centro del salón o envíaselas a uno o más celulares si es posible. Luego, entrega un papel y un lápiz a cada grupo o jugador, y el primero que descubra el lugar al que pertenece cada foto, es el ganador.

Para saber quién ganó, deja que todos se tomen su tiempo para adivinar las respuestas y a medida que van terminando deben entregarte a ti las hojas con las respuestas. Luego, siéntalos a todos en círculo y comienza leyendo las respuestas según el orden en que te las entregaron. Si el primer jugador que te entregó las respuestas contestó todo correctamente, será el ganador; si no, se descarta su hoja y se pasa a leer la segunda, y así sucesivamente hasta que se encuentre un ganador.

A todos les dará curiosidad por ver las fotos y poder descubrir que se trataba de su lugar favorito. Si no tienes la posibilidad de los lugares, puedes hacerlo con fotos en el momento de ellos mismos, pero de partes raras de su cuerpo como los codos de alguien, la oreja de otro, la ceja, etc., y deben adivinar de quién se trata. Para esto necesitarás alguien que te ayude a tomar las fotografías mientras van llegando, y si no puedes imprimirlas ni enviarlas a unos cuantos celulares, quizás puedas ponerlas en alguna pantalla para que todos las vean al mismo tiempo. ¡Asegúrate de que entiendan que no deben gritar la respuesta!

Volviendo a la historia (15')

Obviamente habrá sido un momento muy difícil cuando el pueblo de Israel llegó a su antigua ciudad y encontró todo en ruinas. Algunos de ellos habían nacido en Babilonia y nunca antes habían estado allí, otros eran ya viejos y se acordaban de su esplendoroso templo y, obviamente, se encontraron con muchos desafíos. Además, estaban agotados por el viaje y probablemente no fue fácil encontrar qué comer (no había comida rápida), de modo que tenían un desánimo potenciado. Por esta razón, el Señor les envió un súper equipo de profesionales del buen ánimo: Hageo y Zacarías, dos profetas del Señor que les daban las buenas noticias de parte del Señor para animar a los líderes y al pueblo a terminar con el plan y alegrarse por las promesas que venían en un futuro no muy lejano.

Que levante la mano el que se identifique (10')

Pregúntales lo siguiente y espera a que te respondan levantando la mano:

¿Alguno de ustedes es el payaso de la escuela, o de la familia?
¿Quién está siempre sonriente, diciendo cosas lindas a los demás, de buen humor?
¡Un aplauso! Estos libros de la Biblia tratan de gente como ustedes.

- Lee Hageo 1:2-4, 11. ¿Qué argumentos usó Dios para convencerlos de que debían reconstruir el templo?
- Lee Hageo 1:12. ¿Cómo respondió el pueblo y sus líderes?
- Lee Hageo 1:13-14. ¿Cómo respondió Dios?

Cuando el rey Nabucodonosor destruyó el templo, no solo se llevó cautivo al pueblo de Israel sino que, según Ezequiel 8-11, al destruirse el templo se fue de él la gloria de Dios que moraba allí, por lo que para los profetas la reconstrucción del templo era como invitar nuevamente a Dios a que morara en medio de ellos.

Los porristas (15')

Lee los siguientes versículos, y si quieres algunos otros que consideres útiles. Luego pídeles que traten de armar un cantito de porras (o canciones de estadio de fútbol) como si fueran Hageo o Zacarías, alentando al pueblo de Israel y a sus líderes.

Hageo 2:3-9 / Zacarías 2:10-13 / Zacarías 8:3, 7-9 / Zacarías 9:9

Al terminar, toma unos minutos para que lo compartan con todo el grupo.

Cierre (5')

Muchas veces nos sentimos caminando sobre escombros, pareciera que todo está peor de lo que esperábamos y el desánimo nos hace perder de vista lo importante y olvidar al Señor por preocuparnos de los problemas delante de nuestros ojos, pero Dios quiere restaurar su casa para vivir entre nosotros con su presencia viva, porque en Él encontramos la respuesta a las peores de las situaciones. Si nos ocupamos de tener la casa de Dios en pie, en nuestro corazón, Él se encargará de todo lo demás.

Pide a tus alumnos que escriban en un papel qué situación los hace sentir tristes, como que todo está en ruinas, y luego pídeles que se lo pasen a un compañero o a ti, y quien reciba el papel que busque palabras de consuelo para su amigo. Pídeles que oren de a dos o tres por esas situaciones (el que no se anime, puede entregártelo a ti o a otro líder, quien debe comprometerse a animarlo durante la semana).

Cierra en una oración general por ánimo y alegría de parte de Dios en sus corazones.

Descarga las lecturas diarias *En familia* desde *www.e625.com/lecciones*

Lección 21 > ESTER

Solo hay dos libros en la Biblia que llevan nombre de mujeres: Rut y Ester, y ambos se encuentran en el Antiguo Testamento. En esta oportunidad, nos detendremos en el segundo de ellos para conocer un poco más sobre nuestro buen Dios.

El libro de Ester tiene una particularidad: en ninguna parte del mismo se menciona la palabra "Dios", pero no cabe duda de que Él intervino de manera sobrenatural en todo lo sucedido en esta historia de una joven huérfana de padres y criada por un primo mayor, llamado Mardoqueo. Dios utiliza su belleza para que sea elegida reina de una poderosa nación (los persas) en lugar de la reina Vasti. En los propósitos de Dios, Ester —con su valentía y obediencia— salva al pueblo judío de un plan de exterminio orquestado por Amán, quien termina recibiendo el castigo por su desprecio a estos. Lo que vivió Ester bajo la guía y asesoramiento de Mardoqueo va desarrollando los planes y propósitos de un Dios que está atento tanto a las situaciones más pequeñas como a las más importantes en la historia de la nación judía.

Bienvenida y preguntas de introducción al tema (10')

Antes de comenzar la lección y después de saludar a tus preadolescentes, toma tres minutos para hacer tres preguntas no personales, para que nadie se sienta intimidado (puede ser a toda la clase o puedes elegir a uno que sepas que se siente cómodo respondiendo delante de todos).

1. ¿Te ha tocado pasar por un momento en tu vida o en la de alguien de tu familia en la cual se requirió mucha oración? (enfermedad, pérdida del trabajo, de la casa, etc.)
2. ¿Quiénes fueron los que más se acercaron a ti o a ustedes? ¿Cómo te sentiste al respecto?
3. ¿Has intercedido por alguien más que estaba pasando por un momento difícil? ¿En qué manera te involucraste y cómo te sentiste al respecto?

El libro de Ester cuenta la historia de una joven hermosa que terminó siendo reina de Persia, aunque era judía. El rey Asuero (padre de Artajerjes, que fue el rey que dejó ir a Nehemías a Jerusalén a reconstruir la muralla) se enamora de la belleza y simpatía de Ester y la nombra reina en lugar de la reina Vasti (a quien por haberse negado a ir a una fiesta del rey se le quitó el título de reina). Definitivamente, Dios tenía un plan para Ester, para que ella fuera la defensora de Israel en un momento de calamidad.

Amán, uno de los funcionarios más importantes de Persia, odiaba a Mardoqueo (quien había criado a Ester) porque él se mantenía en las puertas del palacio y aunque por decreto todos debían postrarse ante Amán, él no lo hacía. Por esto, había jurado matarlo y no solo a él, sino que su odio se había extendido a todos los judíos y tenía un plan de exterminio listo para ser puesto en marcha. La reina Ester se enteró, pidió al pueblo que ayunara y orara por ella (ella misma también lo hizo) e intercedió ante el rey por su pueblo, aun cuando su vida corría peligro de muerte.

Qué importante es saber que en los momentos difíciles podemos contar con personas a nuestro alrededor que están dispuestas a acompañarnos a clamar a Dios por nuestra necesidad, y qué honor poder interceder por quienes necesitan nuestra ayuda en los momentos más difíciles. Pero lo más precioso es saber que Dios nos puso en el lugar correcto para estar intercediendo los unos por los otros en los momentos más complicados, aun de vida y muerte.

La reina más bella (20')

Para este juego necesitarás bastante papel de diario y cinta adhesiva.

Divide a tus alumnos en grupos de no más de seis (puedes colocar en una bolsa anillos de plástico de los que venden en casas de cotillón u otro tipo de joyas, coronas, etc., y diles que se separen según los elementos que tienen).

Una vez divididos en equipos, a tu señal tendrán diez minutos para diseñar y decorar a la reina. Deben elegir a uno de los miembros del equipo y con el papel de diario diseñar un vestido, joyas, zapatos, corona y todo lo que sea digno de una bella reina. Al finalizar el tiempo, cada grupo presenta su reina y el equipo que haya diseñado la mayor cantidad de elementos será el ganador. Puedes elegir a un equipo de alumnos que sean los jueces, y mientras los equipos trabajan pueden pensar en cómo asignarán los puntos a los equipos.

Una gran historia de valentía y misión (20')

Así como están en equipos, lean Ester 3:5-11, 4:11, 15-17, 7:1-6, 9-10 y 8:16.

Traza una línea en el piso con tiza (o se puede pegar cinta adhesiva). Quien dirija el juego debe hacer preguntas acerca de la historia de Ester y un jugador por equipo debe correr a la línea, pisarla y dar la respuesta (serán necesarios uno o dos jueces de línea para determinar quién pisó primero). Cuando indiquen quién fue primero, ese jugador tendrá la oportunidad de responder; si responde bien obtiene un punto, y si responde mal, tendrá lugar a responder el jugador que haya pisado segundo.

1- ¿Quién era Mardoqueo? *(El primo de Ester, quien la crio)*

2- ¿Quién era Ester? *(La prima de Mardoqueo, quien se convirtió en reina)*

3- ¿De dónde era Ester? *(Era judía)*

4- ¿Por qué estaban en Susa? *(Porque habían sido llevados cautivos)*
   —esta es la más difícil—

5- ¿Por qué Amán estaba tan enojado? *(Porque Mardoqueo no quiso postrarse ante él)*

6- ¿Cuál era el plan de Amán? *(Aniquilar a todos los judíos)*

7- ¿Por qué la reina no podía hablar con el rey? *(Porque no podía presentarse sin ser llamada, ya que tenía pena de muerte quien así se presentara)*

8- ¿Qué tipo de apoyo le pidió la reina a Mardoqueo? *(Que todo el pueblo judío ayunara por ella)*

9- ¿Qué le pidió la reina al rey en el banquete? *(Que salve la vida de todos los judíos)*

10- ¿Cuál fue el fin de Amán? *(Lo colgaron en la horca que mandó a construir)*

Si tienes algún empate, puedes desempatar con alguna pregunta más complicada como "¿Qué dice el versículo 4:14?", para que lo busquen, lo lean y respondan.

Cierre y conclusión (10')

En algunos casos nos enfrentaremos a situaciones difíciles que probarán nuestra fe, nuestra obediencia y nuestra confianza en el Señor; en esos momentos es importante contar con el apoyo de la iglesia, que nos ayuden a mantenernos fieles al Señor, sea lo que sea que estemos pasando.

Qué importante es saber que podemos contar con las oraciones, ayuno y apoyo espiritual de nuestros hermanos, y que ellos puedan contar con que nosotros haremos todo lo necesario para cumplir con el propósito que el Señor nos ha encomendado.

En la historia de Ester no se menciona a Dios ,pero obviamente Ester confiaba en Él, por eso pidió que oraran y ayunaran con ella, ya que entendió que estaba ahí con el propósito de servir a su pueblo. Cuando estés atravesando por dificultades, sabes que puedes contar con tus amigos y familia de la fe y que cada uno podrá ser parte de tu dolor y sufrimiento. Con los dones y talentos que el Señor le da a cada uno, podemos suplir las necesidades y cubrirnos unos a otros.

Esta es una buena oportunidad para dedicar un tiempo de oración por aquellas peticiones que son importantes para tus alumnos. Pídeles que hagan una ronda, que se tomen de las manos o se abracen en círculo, para que todos como un pueblo puedan orar unos por otros. No te preocupes si no quieren abrazarse o darse la mano, más bien previene esta situación y coloca a los líderes entre ellos para que no sea un entorpecimiento del obrar del Espíritu Santo al momento de orar.

También prepara un buzón con papeles y lápices para que ellos puedan colocar allí las peticiones privadas que no se animaron a hacer en público. Esto dilo una vez que hayan terminado de orar para que puedan tener primero un espacio de confianza y no se queden todas las peticiones como privadas.

Recursos tecnológicos extra: Se sugiere que el maestro/líder pueda ver la película *Una noche con el rey*, de Gener8Xion Entertainment (director: Michael O. Sajbel). Si lo considera apropiado, puede seleccionar una escena que destaque los planes de Dios y que permita realizar preguntas relacionadas con la lección, con su carácter, sus propósitos, la obediencia, etc.

Descarga las lecturas diarias *En familia* **desde** *www.e625.com/lecciones*

Lección 22 > ESDRAS Y NEHEMÍAS

Ambos libros, situados históricamente alrededor del año 400 a.C., describen y relatan cómo el pueblo de Judá regresó a Jerusalén y reconstruyó el templo y las murallas de la ciudad, luego de volver del exilio de Babilonia donde había estado esclavizado por más de setenta años. Desde el primer grupo que fue liberado hasta el regreso mayoritario del pueblo pasaron unos noventa años. Así como hubo tres deportaciones de Israel a Babilonia, hubo tres regresos de Babilonia a Jerusalén, el primero bajo el liderazgo de Zorobabel (548 a.C.), el segundo bajo el liderazgo de Esdras (458 a.C.), y Nehemías, trece años después de Esdras. El libro de Nehemías fue el último libro ubicado cronológicamente del Antiguo Testamento y el último registro de Dios hablando al pueblo hasta que, cuatrocientos años después, un ángel anuncia el nacimiento de Juan el Bautista, quien prepararía el camino para la llegada de Jesús, el Mesías.

Esdras

Su nombre significa "Jehová ayuda". Fue un escriba y estudioso de la Palabra, fuerte y piadoso, encargado de la reconstrucción del templo en la ciudad de Jerusalén. Enviado por el rey por la confianza que tenía en él y por su dedicación, respeto y conocimiento en la palabra de Dios. Su papel como escriba se detalla en el capítulo 7:10: *"Esdras se había propuesto estudiar y obedecer las leyes del Señor, y ser un maestro de la Palabra de Dios y enseñar las leyes al pueblo de Israel"*, cumpliendo su rol a la perfección.

Nehemías

Su nombre significa "Jehová consuela". Hombre de acción, copero del rey, estudioso y disciplinado, preparado para liderar. Cuando se entera de que Jerusalén está en ruinas y desprotegida, consigue de manera milagrosa que el rey de Babilonia no solo le dé permiso para regresar a Jerusalén a reconstruir las murallas sino que también lo proveyera de todo lo necesario para construirla, e incluso los defiende de sus vecinos envidiosos.

Bienvenida y preguntas de introducción al tema (10')

Antes de comenzar la lección y después de saludar a tus preadolescentes, toma tres minutos para hacer tres preguntas no personales, para que nadie se sienta intimidado (puede ser a toda la clase o puedes elegir a uno que sepas que se siente cómodo respondiendo delante de todos).

1. ¿Por qué crees que es importante tener un lugar donde la iglesia se reúna a adorar a Dios y a aprender de su Palabra?
2. ¿Qué otras actividades pueden desarrollarse dentro de un templo? (trata de pensar en obras sociales, servicios a la comunidad y a los miembros)
3. ¿Cómo te imaginas que sería el templo perfecto? ¿Qué le pondrías que el tuyo no tiene?

Para los judíos de la época del Antiguo Testamento, el templo era sumamente importante porque allí era donde se posaba la presencia de Dios. Tenía muchas especificaciones, había instrumentos y utensilios especiales y los sacerdotes cumplían el papel de interceder por el pueblo ante Dios. Muy pocos podían entrar al lugar santísimo: si alguien impuro entraba, caía muerto inmediatamente. Cuando Israel y Judá fueron llevados cautivos, el rey Nabucodonosor se había llevado las cosas más importantes del templo y lo había destruido. La presencia de Dios ya no estaba allí así que los judíos sufrían mucho, no solo por haber sido llevados en cautiverio sino porque se sentían sin identidad, sin Dios, lejos de sus tierras, de su heredad y nuevamente en tierras ajenas.

Zorobabel, Esdras y Nehemías volvieron para reconstruir de a poco el templo, el altar, las murallas y la ciudad. Era un tiempo difícil pero de celebración, porque se cumplían en ellos promesas de Dios de reconstruir el templo y su pueblo.

Una construcción delicada (15')

Divídelos en dos equipos de la siguiente manera: compra un mazo (o más) de cartas, ponlas hacia abajo sin que vean las figuras y que cada alumno tome una carta, dividiéndose entre equipo rojo y equipo negro.

Un equipo intentará armar un castillo con cartas y el otro, sin tocarlas, deberá intentar derribarlo soplando sobre ellas. La dificultad es que cada miembro de cada equipo recibirá la misma cantidad de cartas y solo pueden construir con ellas (así, te aseguras de que todos participen, y no solo tres o cuatro). Comienza un equipo armando, y a los dos o tres minutos (dependiendo de qué tan rápido lo hagan) el otro equipo puede comenzar a soplar por fuera de un círculo que tú debes marcar alrededor del castillo (delimítalo con algo). A los cinco minutos se para el tiempo y se cuentan los pisos que han podido armar y la cantidad de cartas que lograron parar.

Luego cambian los roles. Al finalizar los siguientes cinco minutos, el equipo que haya logrado mantener paradas la mayor cantidad de cartas y el edificio más alto, será el ganador (si tienes algún alumno que no quiera jugar, utilízalo como árbitro y juez, y si alguien hace trampa se le descontará una carta cada vez).

La historia (5')

Dios es quien toma siempre la iniciativa incansable de buscar a su pueblo, y este hecho histórico tiene la misma chispa que enciende el fuego.

El rey de Persia cumple con la promesa de Dios de los libros de Isaías y Daniel: *Yo, Ciro, Rey de Persia, declaro que el Señor, Dios del cielo, me dio este imperio y ha puesto sobre mí la responsabilidad de edificarle un templo [...]* (Esdras 1:2).

El pueblo queriendo reconstruir el templo luego de estar esclavos por setenta años: *Entonces el Señor puso en los dirigentes de las tribus de Judá y Benjamín, y de los sacerdotes y levitas, un gran deseo de regresar a Jerusalén, para reedificar el templo* (Esdras 1:5).

Nehemías alentando al pueblo a reconstruir la muralla: *Entonces les hablé del deseo que Dios había puesto en mi corazón y de la conversación que había tenido con el rey [...]* (Nehemías 2:18).

En los libros de Isaías y Daniel, a ciento cuarenta años de que Ciro publique su decreto, Dios anticipó que ambas reconstrucciones ocurrirían. Profetizando a través de Isaías, declaraba que fue Él mismo quien nombró a Ciro por su nombre y quien puso en el corazón de reyes, profetas y siervos como Nehemías el deseo y la pasión para lograr sus promesas. Maravilloso Dios, eterno Rey... siempre cumple su propósito.

Las tres construcciones (30')

Entrégale a cada alumno en tu grupo una copia de *Las tres construcciones*, y a medida que vayas repasando los puntos que siguen, dales un tiempo para reflexionar en sí mismos y contestar en sus papeles. Sé sensible a las respuestas, pide al Espíritu Santo que traiga a su mente y corazón convicción y arrepentimiento para que esta clase pueda ser un instrumento para acercarse al Señor.

Descarga el apartado *Complementario* **desde** *www.e625.com/lecciones* **donde encontrarás la hoja** *Las tres construcciones* **para tus alumnos y la hoja** *Las tres construcciones - Guía del maestro* **para ti.**

Conclusión (5')

Dios siempre tuvo la intención de permanecer junto a su pueblo; en sus planes siempre estaba morar entre ellos y que ellos lo adorasen, ser su Dios que los protege, los bendice y prospera, pero Israel fue terco y una y otra vez metió la pata haciendo lo que ofende a Dios. Sus consecuencias fueron graves, y terminaron todos esparcidos por los pueblos vecinos bajo el poder de gobernantes más fuertes. Dios tiene sus planes y movió los corazones de quienes estaban dispuestos a servirlo para que pudieran regresar y reconstruir el templo, las murallas y, sobre todo, su relación con el Padre. No importa en qué punto de tu vida estés, pero tienes que saber que Dios está esperando morar en el templo de tu corazón, está esperando que lo dejes entrar a limpiar cada rincón para vivir allí para siempre y que juntos construyan una muralla tan fuerte, tan alta y tan segura que no importa quién venga a atacarte o con qué, saldrás victorioso/a y tu ciudad interior será fuerte, sana, grande y próspera.

Cierra en oración dando gracias a Dios por estas tres reconstrucciones que podemos hacer en Él, y que el Espíritu Santo hable al corazón de tus alumnos sanando cualquier área en la que necesitaban ayuda. Prepárate de antemano orando al Señor para que te dé un corazón sensible para detectar alguna situación delicada y te provea palabras de consejería eficaz para quien las necesite (también te aconsejamos que puedas buscar material de consejería en las tres áreas que vas a tocar).

Descarga las lecturas diarias *En familia*
desde *www.e625.com/lecciones*

Lección 23 > MALAQUÍAS

El libro de Malaquías es un libro profético. Malaquías fue contemporáneo de Esdras y Nehemías y su tiempo de profecía fue luego de que el pueblo judío hubo reconstruido las murallas de la ciudad y el templo al haber regresado de la esclavitud en Babilonia. Dios hablaría a través de Malaquías a su pueblo por última vez antes de que lo hiciera Jesús; hubo así más de cuatrocientos años donde Dios estaría en silencio.

A lo largo de todo el libro se denota la frialdad y autonomía en la que estaba el pueblo en su relación con Dios: Él habla tiernamente con su pueblo y ellos responden con soberbia y llenos de justificativos. Los sacerdotes se encontraban viviendo una vida monótona, cumpliendo con los sacrificios y enseñanzas pobremente y sin ninguna clase de temor. Dios estaba disgustado y ofendido y se los hace saber: *"Aun en las naciones que no he escogido como mi nación santa se respeta mi fama y se ofrecen ofrendas puras"*. Dios pone al descubierto el estado del corazón del pueblo: *"Ustedes dicen: 'Es muy molesto servir al Señor y hacer lo que Él pide'. Luego desprecian las instrucciones que Él les ha dado [...]"* (Malaquías 1:13).

Bienvenida y preguntas de introducción al tema (10')

Antes de comenzar la lección y después de saludar a tus preadolescentes, toma tres minutos para hacer tres preguntas no personales, para que nadie se sienta intimidado (puede ser a toda la clase o puedes elegir a uno que sepas que se siente cómodo respondiendo delante de todos).

1. ¿Cuáles son algunas de las rutinas que experimentamos cuando venimos a la reunión?
2. ¿Por qué repetimos siempre las mismas cosas en la reunión (alabanza, oración, anuncios, mensaje, ofrenda, santa cena, etc.)? ¿Cuál es la importancia de cada una?
3. ¿Qué podríamos hacer diferente para que cobre más sentido o importancia?

Muchas veces, aunque lo que estamos haciendo es importante, pierde su valor por la repetición y la costumbre. Esto es lo que le pasaba al pueblo de Dios en la época de Malaquías: lo peor había pasado, y la rutina de las ofrendas a Dios y de respetar sus leyes y mandamientos se tornaron menos ceremoniosas para el pueblo y aun para los sacerdotes.

Busca en YouTube el siguiente video: *"Este hijo nunca tomó a su papá como inspiración"*. El video tiene mucho que ver con cómo el pueblo judío vivía bajo las leyes de Dios; simplemente no eran felices, no entendían a su padre ni por qué actuaba como actuaba, no podían disfrutar de Él.

- ¿Por qué el niño no comprende lo que el padre está haciendo?
- ¿Cómo se siente cuando lo ve haciendo todas estas cosas?
- ¿Cuándo pudo comprender lo que su padre hacía?

Temas principales (15')

Reparte las siguientes citas (parafraseadas) ya escritas en papeles y pídeles que las lean uno detrás del otro según los números, sin hacer pausas:

1. *Yo los he amado, dice el Señor. "¿Y cómo nos has amado?", replican ustedes.* (Mal 1:2)
2. *¿Dónde está el honor que merezco? Les pregunto a ustedes, sacerdotes, que desprecian mi nombre. Y encima me preguntan: "¿En qué hemos despreciado tu nombre?".* (Mal 1:6)
3. *Ustedes han cansado al Señor con sus palabras. Y encima preguntan: "¿En qué lo hemos cansado?".* (Mal 2:17)
4. *Vuélvanse a mí, y yo me volveré a ustedes, dice el Señor Todopoderoso. Y ustedes replican: "¿En qué sentido tenemos que volvernos?".* (Mal 3:6)
5. *¡Ustedes me han robado! Y todavía preguntan: "¿En qué te hemos robado?".* (Mal 3:8)
6. *Ustedes me atacan groseramente. Y encima preguntan: "¿Cuándo te hemos atacado?".* (Mal 3:13)

- ¿Qué está pasando con el pueblo de Dios?
- ¿Por qué no pueden ni siquiera darse cuenta de lo que están haciendo mal?
- ¿Acaso no pasa que celebramos al Señor, cantamos, oramos, y repetimos cosas sin hacerlo en realidad de corazón o dando lo mejor que tenemos?
- ¿Cuántas veces hay buenas excusas para faltar, no ser parte, dejar de ir o no dedicar el tiempo a las cosas del Señor? ¿No hemos dicho más de una vez "estoy cansado", "esto no tiene sentido"?
- ¿Acaso no es una de las críticas de quienes no conocen a Dios al ver un culto dominical o un estudio bíblico? Probablemente porque no pueden ver nuestra devoción y deseos de adorar a Dios con todo lo que hacemos.

Lee Malaquías 1:14. ¿Hemos dado a Dios lo que nos sobra en vez de lo que es especial? ¿En qué maneras pasa esto hoy en día? ¿Qué es lo que se merece el Señor?

Lee Malaquías 1:12 y 3:14-15. ¿Por qué estaban cansados de servir al Señor? ¿Te ha pasado que el portarte bien pareciera no tener ninguna ganancia y que los que son insolentes se salen con la suya? ¿Será que Dios no ve estas actitudes del corazón?

Razones para servir al Señor (15')

Pide a tus preadolescentes que te den razones por las cuales servir al Señor es un privilegio, y por qué obedecerle y ofrecerle lo mejor de nosotros es lo mejor que puede pasarnos (no te limites al servicio dentro del templo; cuando den ejemplos, trata de sacarlos de las tareas rutinarias que tienen que ver con las reuniones, piensa en todos los roles de la iglesia en la sociedad). A medida que vayan nombrándolas, escríbelas en una pizarra o cartulina o proyéctalo con tu computadora en algún lado donde todos puedan verlo.

Cierre (5')

Sin lugar a dudas, Dios nos ama y siempre nos ha amado (Mal 1:2). Alguien que ama siempre busca el bien del amado, ¿y cuánto más Dios, el Todopoderoso? Siempre ha mostrado a su pueblo su bondad y fidelidad, y aun cuando su pueblo le era infiel una y otra vez, Él siempre cumplió sus compromisos (Mal 2:5-6). El pecado no solo es hacer cosas malas, también es hacer las buenas de mala gana o no hacerlas de corazón y encima justificarse diciendo: "¿Cuándo hicimos eso, o cuándo no lo hicimos?", "Si yo siempre vengo a la reunión, si me conozco todas las canciones, yo salto, levanto mis manos, sirvo como ujier, ayudo con los niños…". Llevamos delante del Señor lo que nos sobra de nuestro tiempo, sin darle a Él nada en especial, limitándonos a lo que siempre se hace, sin pensar en lo importante que es honrar y obedecer al Señor. Dios busca un pueblo que lo ame como Él lo ama.

Lee Malaquías 4:1-5. ¿De quién habla esa promesa? ¿Acaso no conocemos y recibimos esa promesa? ¿Por qué nuestro corazón sigue igual? ¿Cómo podemos adorarlo de corazón? Recordemos también las razones por las cuales es bueno servir a nuestro Señor (terminar leyendo Malaquías 3:16).

Cierra con una oración de arrepentimiento, pidiendo perdón y entendimiento para poder adorar a Dios en Espíritu y en verdad.

Descarga las lecturas diarias *En familia* **desde** *www.e625.com/lecciones*

Lección 24 >
¿CÓMO SE COMPLEMENTAN EL ANTIGUO TESTAMENTO Y EL NUEVO TESTAMENTO?

Como aprendimos, la Biblia es una colección de sesenta y seis libros. Esta colección se divide en dos grandes sectores: uno se llama *Antiguo Testamento* (AT) —con treinta y nueve libros— y el otro se llama *Nuevo Testamento* (NT) —con veintisiete libros. *Testamento* es lo que deja una persona por escrito para manifestar su voluntad, por eso decimos que la Biblia nos comunica la voluntad del Padre. El AT nos enseña la voluntad de Dios revelada al pueblo de Dios (en un principio, a los israelitas); en él se encuentran los cinco libros del Pentateuco, que revelan la ley por la cual los judíos se regían en la antigüedad (y algunos todavía hoy) y el resto de los libros que son de historia y profecías inspiradas por Dios acerca del futuro. El NT comienza con los cuatro evangelios —que en muchas historias son paralelos— y el hecho más importante es el nacimiento, vida, muerte y resurrección de Jesús.

Jesús divide este libro y la historia del mundo en dos al venir a cumplir la ley del AT, pagando el precio de nuestro pecado y dándonos acceso directo a Dios. En la antigüedad, solo los sacerdotes que se habían purificado podían entrar a la presencia de Dios; ahora, por medio de Jesús, podemos ser puros para encontrarnos con Dios de forma personal. La intención de Dios siempre fue que seamos sus hijos amados; esto es tan importante para Dios que Jesús no dudó en sacrificarse por nosotros.

El AT está lleno de la promesa de Dios sobre el Mesías, Jesús, quien nos libertaría. En el NT se cumple la promesa y se nos cuenta de los tres años que Jesús administró antes de morir, resucitar y volver a la diestra del Padre, pero luego está lleno de enseñanzas de vida y doctrinas que los discípulos aprendieron de Él y que también les fue revelado a través del Espíritu Santo. El AT nos ayuda a entender acerca de quién es Dios y su carácter, mientras que el NT nos muestra cómo podemos conocer personalmente a Dios. El AT tiene treinta y nueve libros escritos y el NT tiene veintisiete libros escritos en el primer siglo después de Cristo.

Bienvenida y preguntas de introducción al tema (10')

Antes de comenzar la lección y después de saludar a tus preadolescentes, toma tres minutos para hacer tres preguntas no personales, para que nadie se sienta intimidado (puede ser a toda la clase o puedes elegir a uno que sepas que se siente cómodo respondiendo delante de todos).

1. ¿A quién le gusta leer? Cuando tienes que elegir un libro, ¿qué cosas te atraen más? (si a nadie le gusta leer, puedes preguntarles sobre películas o programas de TV)
2. Si escribieras un libro, ¿de qué crees que se trataría?
3. Si existiera un libro de todas las cosas importantes que hizo tu familia desde el comienzo de tu genealogía, ¿qué parte te gustaría leer? (el comienzo de todo, los desafíos más grandes, la historia del tatarabuelo más aventurero, etc.)

La Biblia no es un libro sino una colección de libros. ¿Alguna vez has visto una película en secuencia? Así es la Biblia, una secuencia de libros que nos cuentan la historia del comienzo de todas las cosas. Hay muchos hechos históricos, acción, violencia, aventura, drama, traición, princesas y reyes, villanos, visiones, fantasmas, monstruos y demonios, héroes y cobardes... todo lo que se te pueda ocurrir ya fue escrito en la Biblia. En la clase de hoy tendremos una visión general sobre este libro que es sumamente especial para nosotros.

Tesoro nacional (20')

Divídelos en dos grupos (o más, de ser necesario). Cuando vayan entrando al salón ten preparadas dos cajas con dos chocolates o golosinas diferentes, la misma cantidad de cada uno. Solo pueden escoger uno y comerlo, pero deben conservar el envoltorio. Cuando estés listo para jugar, divídelos según el dulce que hayan comido. Si necesitas formar más equipos, debes comprar tantas clases de chocolates como de grupos necesites.

Esta actividad es una variante del *tesoro escondido* o *búsqueda del tesoro*, solo que a medida que vayan encontrando las pistas encontrarán también partes del tesoro. Para este juego necesitarás formular las pistas dependiendo del lugar donde pueden jugar. Debes esconder ocho bolsas en diferentes lugares (cuatro bolsas para cada equipo), por lo que deberás preparar cuatro diferentes pistas de las ubicaciones para cada equipo. Ejemplo.: *Solo pueden entrar mujeres* (el baño de damas), y detrás de un lavabo puedes esconder la bolsa 1, y así sucesivamente. La primera pista siempre debes dárselas en la mano, y a medida que vayan recolectando las pistas pueden ir pegándolas en los espacios donde piensan que corresponden, o pueden hacerlo al final cuando hayan encontrado las cuatro bolsas.

Nota: Intenta que todos en el grupo participen (los más activos pueden buscar las bolsas mientras los más pasivos ubican los papelitos en el esqueleto). También puedes mezclar la información para que sea más difícil ubicarlos (trata de tener uno o dos líderes por grupo para que los organicen y ayuden a que no se dispersen).

Descarga el apartado *Complementario* **desde** *www.e625.com/lecciones* **donde encontrarás la hoja** *La Biblia*. **Deberás darles solo el esqueleto estructural para que puedan colocar los papeles.**

Prepara en bolsitas de plástico (tipo ziploc) lo siguiente:

Grupo 1 (cada palabra es un papelito dentro de la bolsa designada)
Bolsa 1: La Biblia (66 libros)
Bolsa 2: El Antiguo Testamento (39 libros)
Bolsa 3: Pentateuco - Históricos - Poéticos - Profetas mayores - Profetas menores
Bolsa 4: Todos los libros del Antiguo Testamento en papelitos separados

Grupo 2 (cada palabra es un papelito dentro de la bolsa designada)
Bolsa 1: La Biblia (66 libros)
Bolsa 2: Nuevo Testamento (27 libros)
Bolsa 3: Históricos - Epístolas de Pablo - Epístolas generales - Profético
Bolsa 4: Todos los libros del Nuevo Testamento en papelitos separados

Explicación de cómo se complementan el AT y el NT (10')

Cuando hayan acabado los dos equipos, utilizando los esqueletos que ellos completaron puedes explicar —utilizando la introducción de esta lección— las diferencias y cómo se complementan los testamentos.

Usa estas nuevas palabras para pegar debajo de cada esqueleto a medida que vayas mencionándolas:

Antiguo Testamento:
Ley
Dios tiene una relación limitada
Historia de los comienzos de la humanidad
Profecía de un Mesías

Nuevo Testamento:
Cumplimiento de las profecías del Mesías
Dios relacional (ahora tenemos libre acceso)
Jesús y el nuevo pacto
Historia de los comienzos de la iglesia

Actividad de cierre (10')

Prepara dos bolsas con todos los nombres de los libros de la Biblia (una para cada equipo). Cada equipo envía a cinco participantes al frente. Al decir "¡Ya"!, deben sacar un nombre y acomodarse en el orden correcto; el equipo que lo logra primero, gana.

Nota: como son solo cinco participantes, los libros que saquen probablemente no serán correlativos, pero tienen que acomodarse por orden según cómo aparecen en la Biblia. Deja a la vista los cuadros que utilizaron antes para que puedan guiarse). Hazlo tres veces; el equipo con más puntos, gana.
Es importante saber cómo se ordena la Biblia y dónde podemos encontrar cada libro para estudiar la Palabra, para entender la importancia de cada sector y para visualizar también el progreso de la revelación de Dios en la historia. La palabra del Señor es la que nos guía, nos da fortaleza en sus promesas, nos enseña la verdad, nos cuenta acerca de quién es Dios, nos alienta cuando nos sentimos desalentados, nos da fe y nos enseña a vivir una vida conforme al propósito de quien nos creó.

Pero para conocer todas estas cosas necesitamos leerla y estudiarla, y al hacerlo nos daremos cuenta de que, aunque fue escrita hace miles de años atrás, todavía hoy podemos identificarnos y aprender de ella.

Descarga las lecturas diarias *En familia* **desde** *www.e625.com/lecciones*

Lección 25 >
LOS EVANGELIOS: ENCARNACIÓN DE CRISTO

La palabra *evangelio* deriva de la palabra griega *euangellion*, que significa "buenas noticias". Los cuatro Evangelios son las buenas noticias acerca de los acontecimientos más significativos de toda la historia: el nacimiento, la vida, la muerte en la cruz y la resurrección de Jesús. A los tres primeros evangelios (Mateo, Marcos y Lucas) se los llaman *evangelios sinópticos* —esto se debe a que comparten el mismo enfoque del ministerio de Jesús en Galilea—, mientras que el evangelio de Juan se centra en el ministerio de Jesús en Judea. Los sinópticos contienen muchas parábolas, mientras que Juan no tiene ninguna.

Aunque los evangelios sinópticos son complementarios, también tienen su punto de vista personal:

- Mateo le habla a una audiencia principalmente judía, presenta a Jesús como el Mesías esperado y el legítimo rey de Israel.

- Marcos se dirige a una audiencia principalmente gentil —especialmente romanos— y presenta a Jesús como el siervo que paga el pecado de muchos (se dice que es *el evangelio de la acción* por su dinamismo en la narración).

- Lucas habla a un público gentil más amplio, especialmente a los griegos más cultos —ya que era un estudioso y un historiador— y presenta a Cristo como el Hijo del hombre que llevó una vida perfecta para reconciliar a la humanidad con Dios. Este fue el único autor que no fue testigo ocular de Jesucristo y también autor del libro de los Hechos de los Apóstoles.

- Juan, el último evangelio en escribirse, que tenía el propósito de fortalecer a los creyentes además de presentar el evangelio a los no creyentes (también es el autor de las tres epístolas de Juan y Apocalipsis).

El conjunto de los cuatro Evangelios nos presenta un relato completo de Jesús de Nazaret: Dios-hombre, totalmente humano y totalmente Dios, único sacrificio aceptado para el perdón de los pecados de quienes aceptan su señorío.

Bienvenida y preguntas de introducción al tema (10')

Antes de comenzar la lección y después de saludar a tus preadolescentes, toma tres minutos para hacer tres preguntas no personales, para que nadie se sienta intimidado (puede ser a toda la clase o puedes elegir a uno que sepas que se siente cómodo respondiendo delante de todos).

1. Si pudieras elegir dónde nacer, ¿cuál sería el lugar?
2. Si pudieras elegir una familia famosa, ¿cuál te elegirías? ¿Por qué?
3. Si pudieras elegir entre nacer pobre pero llegar a ser reconocido como rey por la gente, o nacer rey rico pero que el pueblo no te quiera, ¿cuál elegirías? ¿Por qué?

Muchas personas en la historia han nacido en "cunas de oro" siendo reyes desde su nacimiento, pero sin la autoridad o el liderazgo que se necesita para gobernar. Hoy vamos a hablar de un rey que lo fue desde su nacimiento pero que tuvo que ganarse el reconocimiento de su posición, y aunque nació rey de todo nunca ocupó un trono real en la tierra. Ese rey es Jesús; lo llamamos *Rey de Reyes* porque está por sobre todos los gobiernos. Cuando Jesús caminó sobre la tierra no quisieron reconocerlo como el Mesías, solo unos pocos supieron quién era realmente. En una ocasión, cuentan los evangelios que *"Jesús y sus discípulos siguieron hacia los pueblos de Cesarea de Filipo. En el camino les preguntó: —¿Quién cree la gente que soy?*
—Algunos dicen que eres Juan el Bautista —le respondieron—; y otros afirman que eres Elías o uno de los profetas.
—¿Y quién creen ustedes que soy? Pedro le respondió: —¡Tú eres el Mesías!".
(Marcos 8:27-29).

Aquellos que supieron quién era realmente Jesús, cambiaron sus vidas y el mundo para siempre.

Actividad: dos en uno (15')

Consigue los siguientes elementos o las imágenes de los elementos para mostrarles a los preadolescentes: un sacacorchos de botellas de vino que también sea destapador de botellas (o un abrelatas que sea destapador), un reloj despertador que sea cargador de celular, una computadora que sea una tableta, un marcador que también sea borrador, un vestido de novia que se trasforme en vestido de noche, unos zapatos deportivos que se transformen en patines y otras cosas comunes que tienen dos utilidades.

Descarga el apartado *Complementario* **desde** *www.e625.com/lecciones*
donde encontrarás la hoja *Imágenes dos en uno.* **Imprime las imágenes**
lo más grandes posible para la actividad siguiente, o si puedes
reemplazarlas por similares, ¡no hay problema! (te las dejamos aquí
para que sepas cuáles son)

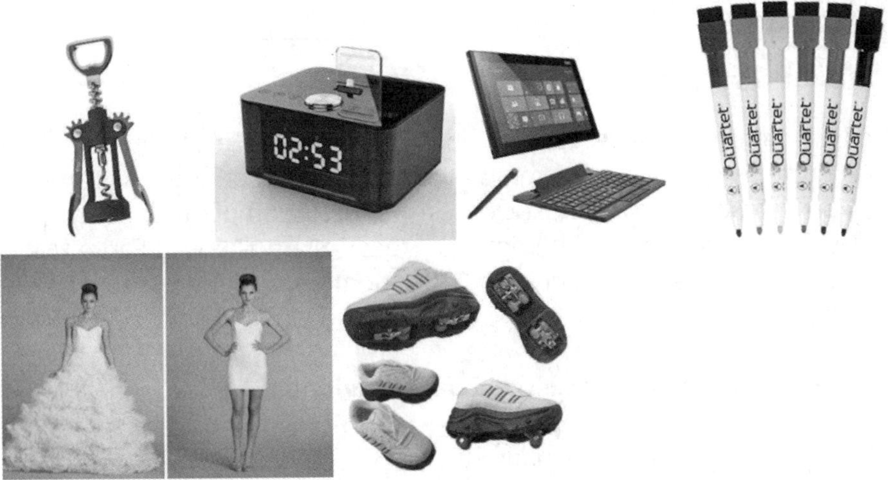

Coloca las imágenes en una pared o cartulina (cubiertas con un papel o algo para
que no puedan verlas) y el cronómetro en cero, y les dices que tendrán veinte o
treinta segundos (según la cantidad de imágenes que hayas conseguido) para memorizar los elementos. Terminado el tiempo, se cubren las imágenes y cada uno debe
escribir la mayor cantidad de cosas que se acuerden en un minuto (para ello, deberás
darles lápiz y papel a todos). Terminado el minuto, entregan todos los lápices y vuel-
ven a descubrirse las imágenes. El que haya recordado más imágenes es el ganador.

Punto principal de la lección (10')

Deja que participen un poco después de cada pregunta.

¿Qué tienen en común estas imágenes?

Todas las imágenes son objetos que tienen dos usos (repasa las imágenes y sus
utilidades. ¿Deja el destapador de ser destapador porque están utilizándolo como
abrelatas? ¿O deja el abrelatas de serlo si están usándolo como destapador? No, no
deja de serlo.

Cuando Jesús vino a la tierra fue parecido a estos elementos que son dos cosas en una: Jesús nunca dejó de ser Dios, pero fue todo hombre. Dios quería una relación con el hombre, y por eso nos creó, para que nosotros seamos su pueblo y él nuestro Dios (Gn 17:4-8), pero el pecado nos alejó de Dios y nos hizo NO aceptados delante de Él. Había tantas leyes que cumplir para poder entrar a la presencia de Dios que nadie podía hacerlo (desde Éxodo 35 hasta Deuteronomio), pero Dios no dejó que todo se perdiera, sino que tenía un plan para conseguir su propósito de ser nuestro Padre y nosotros sus hijos.

¿Cómo se llamó ese plan?

Jesús. De Él comenzaron profetizando —incluso cientos de años antes de que naciera— los profetas como Isaías, Jeremías y Daniel; pero para poder salvarnos Jesús tuvo que convertirse en uno de nosotros, ser perfecto, cumplir toda la ley y así poder pagar (sin tener la culpa) nuestros pecados y reconciliarnos con el Padre (Mt 5:17-20). Es entonces que Jesús tiene que ser 100% hombre, aunque nunca deja de ser Dios (Mt 11:25-27).

Escuchamos muchas veces la historia de la Navidad…

¿Quién fue la madre de Jesús? María.
¿Quién fue el padre terrenal de Jesús? José.
¿Dónde nació Jesús? En Belén.
¿Dónde creció? En Nazaret.

¿Jesús nació sabiendo todas las cosas?

No, Jesús fue un bebé que necesitó que le dieran el pecho y le cambiaran los pañales, lloraba de noche, etc. Tuvo que aprender a caminar, tuvo que aprender a hablar y su mamá le enseñaba acerca de la ley de Moisés, la ley que todos los judíos aprendían. Pero Jesús siempre supo quién era y de dónde venía, y mantenía una estrecha relación con su Padre celestial, quien le revelaba todas las cosas.

Lucas 2:52 dice: *Jesús seguía creciendo en sabiduría y estatura, y gozaba más y más del favor de Dios y de la gente.* Jesús era Dios, pero hecho hombre tuvo que "crecer" como todos nosotros.

¿Qué nos cuentan los evangelios de Jesús humano? (10')

Prepara de antemano unos papelitos con los versículos bíblicos y entrégaselos con tiempo a los alumnos para que vayan buscándolos en sus Biblias, o prepara cuatro Biblias con los versículos ya marcados y prosigue.

Poco dice la Biblia de Jesús como un niño
(alguien que lea Lucas 2:21-23).
En ese mismo momento, había un hombre llamado Simeón a quien el Espíritu Santo le había dicho que no moriría sin ver antes a Cristo, y el versículo 28 dice que "Simeón lo tomó en sus brazos y alabó a Dios". Jesús era un bebé y no podía decidir qué hacer o dónde ir, sus papás lo llevaban y hacían con él lo que mejor sabían hacer.

(Alguien que lea Lucas 2:41-43)
¡Oh-oh! Jesús tuvo doce años… ¡y se portó mal! Los padres volvieron por él súper preocupados…

(Alguien que lea Lucas 2:48)
¿Por qué estarían tan preocupados?

(Alguien que lea Lucas 2:49)
Ejem… ¿Jesús argumenta con sus padres? ¿Te suena conocido? Sí… ¡tenía doce! Jesús sabía bien quién era él y quién era su Padre.

Termina diciendo que Jesús vivió sujeto a sus padres y siguió creciendo en sabiduría y estatura como todos los otros niños.

No se dice más de Jesús hasta que entra en acción a sus treinta años (Lc 3:23), y a partir de ahí comienza a declarar quién era y empieza la acción en su vida. Pero Jesús, aunque era Dios y venció a la muerte (cosa que ningún humano pudo o podrá hacer), vivió como uno de nosotros y conoció lo que es vivir en este cuerpo de carne.

Jesús fue 100% real.

Jesús fue tentado (Mr 1:12)
Jesús se fatigó (Jn 4.6)
Jesús tuvo sed (Jn 19:28)
Jesús tuvo hambre (Mt 4:2)
Se angustió (Lc 23:44)
Jesús lloró (Jn 11:35)

Jesús fue traicionado (Mt 26:15-16)
Jesús fue abandonado por sus amigos (Mt 26:56)
Jesús fue burlado (Mt 26:67)

Pero también era Dios.

Marcos 3:11 / Marcos 9:2-4 / Lucas 24:39 / Juan 1:31-34

Cierre (5')

Terminar leyendo Juan 18:33-37.

Jesús es el Rey de Reyes que nació rey, esperado por siglos, el Mesías salvador, Dios mismo entre nosotros; Emanuel (Is 7:14), amado por sus discípulos y miles que le siguieron, reconocido como rey por quienes lo recibieron, pero crucificado para salvación de todos. Un rey con corona de espinas que se sentó en un trono por sobre todos; Jesús, 100% Dios, 100% hombre.

Jesús sabe qué cosas pasamos, qué cosas sufrimos, qué cosas nos alegran y qué nos entristecen, porque aunque Él es Dios, se humilló siendo uno de nosotros. Pero no vino de la nada como un gran rey sino que fue un niño, llegó a la adolescencia y cuando fue adulto cumplió su misión. Jesús lo hizo porque quiso acercarse a nosotros, dar respuestas a nuestros interrogantes; experimentó en su carne lo que hoy experimentamos nosotros y por eso fue necesaria la cruz, para darle vida a nuestra vida, para darle sentido al futuro y a nuestra existencia.

Cierra en oración pidiendo por revelación de Dios a tus preadolescentes.

Descarga las lecturas diarias *En familia* **desde** *www.e625.com/lecciones*

Lección 26 >
LOS EVANGELIOS: EL MINISTERIO DE CRISTO

En la lección anterior vimos la deidad de Jesús, totalmente Dios y totalmente hombre, que padeció no solo la cruz sino todo tipo de dificultades y desafíos humanos: de niño fue perseguido por Herodes, de adolescente lucha con su identidad, como adulto sufre el rechazo de las personas al comenzar su ministerio, el abandono de sus amigos, la traición… y la muerte de cruz. Hoy veremos quién fue este Jesús y qué cosas hizo en sus días, y por qué y quién es Jesús para nosotros hoy.

Solo con este tema del ministerio de Jesús podríamos hacer muchas lecciones, por lo que solo nos enfocaremos en qué nos dejó a nosotros como ejemplo cuando caminó en la tierra. Únicamente abarcaremos las bienaventuranzas, pasaremos muy rápido por quiénes eran sus discípulos y poco hablaremos de sus milagros, pero si consideras importante detenerte en alguno de estos puntos, te sugerimos que hagas esta clase en dos partes.

Bienvenida y preguntas de introducción al tema (10')

Antes de comenzar la lección y después de saludar a tus preadolescentes, toma tres minutos para hacer tres preguntas no personales, para que nadie se sienta intimidado (puede ser a toda la clase o puedes elegir a uno que sepas que se siente cómodo respondiendo delante de todos).

1. ¿A qué persona admiras y por qué?
2. ¿Por qué te gustaría ser admirado en el futuro por otros preadolescentes?
3. ¿Qué se necesita para lograr ser alguien admirado?

Jesús tuvo una vida ordinaria llena de actos extraordinarios. Siendo Dios se hizo hombre y, aunque era Dios primero, se preparó y tuvo paciencia hasta los 30 años para comenzar a revelar sus secretos y cumplir con su misión. De Jesús solamente se conocen cincuenta y dos días de su vida, pero fueron cincuenta y dos días que cambiaron toda la historia, para quienes la acepten o no. Jesús partió la historia de la humanidad en dos.

¿Quién dicen que soy? (15')

Jesús les hace esta pregunta interesante varias veces a sus discípulos (Mr 8:27-29, Mt 16:15 y Lc 9:18,20) y a Pilato (Jn 18:33-34). Pero, ¿quién es Jesús para nosotros?

Divide a tu grupo en cuatro, según estén sentados: solo "dibuja" una línea imaginaria para dividirlos. Designa uno de los cuatro evangelios a cada grupo (o a cada persona), diles que busquen los títulos del libro que les tocó y que mencionen los milagros de Jesús. Ve escribiendo en un pizarrón o en un cartel las cosas que van diciendo. Seguro encontrarán lo siguiente:

Jesús sana
Jesús alimenta
Jesús libera a endemoniados
Jesús camina sobre las aguas / calma la tormenta

Todas esas historias cuentan acerca de los milagros que Jesús hizo en los días que caminó aquí en la tierra. ¿Por qué creen que eran necesarios los milagros? ¿Qué decían esos milagros acerca de Jesús?

¿Qué significan esos milagros para nosotros hoy en día? ¿Has experimentado algún milagro o conoces a alguien que haya experimentado uno? Compártelo.

Jesús hizo milagros porque primeramente era Dios y se compadecía de las personas enfermas o endemoniadas; quería hacerlas libres para que pudieran disfrutar de su vida y para que pudieran creer que Él era quien decía ser. Los milagros ayudaron a que muchos creyeran: les enseñaba sobre la fe, el cumplimiento de la ley, quién era Jesús y también les enseñaba a sus discípulos a comportarse con fe, amor, misericordia y a dar esperanza. En Marcos 16:15-18 vemos que Jesús ya resucitado les dice a sus discípulos lo que tienen que hacer; lo llamamos *la gran comisión* (que vayan por todo el mundo contando de las buenas noticias de la salvación), y para que la gente creyera las señales que Jesús había hecho, ahora ellos también las harían a través del Espíritu Santo (Hch 1:8).

A propósito: ¿quiénes fueron los discípulos de Jesús?

Escribe sus nombres en una cartulina que puedas dejar fija para que ellos puedan memorizarlos y en algún otro momento hablar de ellos específicamente (Marcos 3:13-19 es el texto más conciso al respecto).

Muy dichosos (15')

Divide a tu grupo en subgrupos de no más de seis personas. Para dividirlos, a medida que van llegando entrégales un dibujo de "emoticón" o de algún personaje de dibujos animados o de películas que sea popular; ellos pueden elegirlo si llegan temprano, puedes designarlo o puedes pegarlos debajo de las sillas (asegúrate de que sean imágenes positivas o divertidas, pero no ofensivas).

Prepara las bienaventuranzas de Mateo 5 en tiras de papel, con cada una de las frases por separado.

Divide todas las frases con "Dichosos los…" por un lado y las frases "porque…" del otro, todas mezcladas. A la señal, los equipos deben tratar de colocar correctamente cada frase con su pareja (no pueden usar la Biblia, deben descifrarlo solos). Puedes hacerlo de varias maneras: puede ser por grupo entre ellos, armándolo sobre una mesa o en el piso, puede ser como carrera de postas donde cada participante del equipo corre uno a la vez y van pegándolo en la pared con cinta adhesiva. Por otro lado, escríbelas correctamente en una cartulina o pizarrón pero que esté cubierto.

Buscar y leer de la Biblia el pasaje de Mateo 5:3-12 (NVI)

Al terminar, fíjate quién ha colocado la mayor cantidad de frases correctamente. Para ello, descubre el pizarrón o cartulina que tú hiciste y repásalo. Puedes entregar un premio al equipo ganador (te sugerimos siempre algún dulce).

Luego pregunta: ¿qué significa "ser dichosos"?
¿Cuál de todos estos "dichosos" te llama más la atención y por qué?
¿Cómo comparamos los dichos de Jesús con lo que nos "dice" el mundo?

Cierre y reflexión (10')

Jesús vino a enseñarnos las verdades del reino de Dios, que no son las mismas de este mundo sino que son principios que dan vida. Él dijo: *El ladrón* (que es Satanás y que es el príncipe de este mundo - Jn 12:30) *solo viene a robar, matar y destruir. Yo he venido para que tengan vida, y para que la tengan en abundancia (Jn 10:10).*

El mundo nos ofrece muchas cosas que nos hacen caer, nos hacen fracasar o nos hacen miserables (el egoísmo, la vanagloria, el poder, todas cosas que la gente persigue), pero Jesús dijo: *Yo soy la luz que ha venido al mundo, para que todo el que crea en mí no viva en la oscuridad (Jn 12:46).*

¡Qué coincidencia! Los versículos que siguen a las bienaventuranzas o *"dichosos"* dicen: *Ustedes son la sal del mundo. Si la sal pierde el sabor, ¿para qué va a servir? ¡Solo para que la boten y la pisoteen por inservible! Ustedes son la luz del mundo. Una ciudad asentada sobre un monte no puede esconderse. Nadie enciende una lámpara para esconderla bajo un cajón, sino que la pone en alto para que alumbre a todos los que están en la casa. ¡Así dejen ustedes brillar su luz ante toda la gente! ¡Que las buenas obras que ustedes realicen brillen de tal manera que la gente adore al Padre celestial!* (Mateo 5:13-16).

Jesús dice que Él es la luz del mundo y que nosotros también lo somos. ¿Qué querrá decir con estas comparaciones? Jesús vino al mundo para morir por nosotros y así darnos vida eterna, pero no solo para eso sino para enseñarnos a vivir esa vida desde el ahora, para que podamos disfrutar abundantemente de la vida que nos da. ¿O será que tenemos que esperar hasta morirnos para disfrutar de la vida en Jesús? ¡Claro que no! Pero no quiere que solo la disfrutemos nosotros, sino que también seamos como sal, que le da gusto al mundo, y luz, que deja ver a quienes caminan en la oscuridad, sin conocer la verdad.

Él nos mostró la diferencia de vivir para nosotros mismos o para honrar a Dios; esto no significa vivir presos de leyes sino libres de la muerte y del pecado para disfrutar al máximo. Jesús no vino para quebrar o anular las leyes, sino que vino a darles otro sentido, otro valor, para que sepamos lo que es vivir libres del mal y plenos para Jesús.

Buscar y leer de la Biblia el pasaje de Mateo 5:17, 21-22, 38-48 (NVI)
¡Wow! ¿Qué dice Jesús? ¿De qué se trata su mensaje?
¿Podemos hacerlo con nuestras fuerzas? ¿Cómo podemos lograrlo?
¿Será esa la manera de ser la luz y la sal a los demás?

¿Deseas caminar como Jesús nos enseñó?
¿Qué cosas necesitas pedirle que cambie en tu interior?

Dedica un tiempo para la reflexión y ora por tus alumnos, pidiéndole al Señor que dé a cada uno de su Espíritu para ser luz, para ser sal, para confiar en el Señor y para vivir de la manera que Jesús nos enseñó para ser llenos de esa vida abundante.

Descarga las lecturas diarias *En familia* **desde** *www.e625.com/lecciones*

Lección 27 >
LOS EVANGELIOS: ARRESTO, MUERTE, RESURRECCIÓN Y APARICIÓN DE JESÚS

En la primera parte de las lecciones sobre los Evangelios conocimos acerca de la deidad de Jesús, totalmente Dios y totalmente hombre. En la segunda parte conocimos de su ministerio en la tierra, de sus enseñanzas y su ejemplo. En esta tercera parte hablaremos del cumplimiento de su propósito: el morir y resucitar para salvación de todos los que en Él crean. Prepárate para sacudir los corazoncitos de tus alumnos con la más emocionante historia que jamás hayas tenido que contar.

Para la clase de hoy te sugerimos que puedas armar una atmósfera para que puedan experimentar con todos sus sentidos el sacrificio tan grande que fue la muerte en la cruz. Oscurece las ventanas —con papel o telas oscuras que apenas dejen pasar la luz, o hazle pequeños hoyos para que parezcan estrellas—, busca lámparas tenues o velas (de esas que son de mentira) o presta mucha atención a los cuidados y seguridad del lugar (no quisiéramos que nada se prenda fuego); linternas o algo parecido también servirá.

Haz una cruz lo más grande posible (puede ser con papel y estar pegada en la pared) y las otras dos cruces a los costados, pero mantenlas tapado por un rato. Prepara en el piso una mesa (puedes hacerla con una madera, una puerta vieja, una mesa plegable, etc., algo que pueda funcionarte para representar la última cena. Si puedes tener para todos, mejor, si no, solo utiliza una de ejemplo. Esto y todo lo que puedas imaginarte de las últimas escenas del relato de la historia de Jesús puedes tratar de utilizar para ambientar el lugar.

Lo ideal sería que todos pudieran juntarse en algún otro lugar y que luego entren todos juntos al lugar donde hayas preparado la atmósfera. Si tu grupo es pequeño quizás puedas hacerlos disfrazar para que se compenetren en lo que está por suceder; si son pocos, puedes hacerlo con adultos que te ayuden a organizarlo y a actuar un poco.

También podrías preparar de antemano una obra de teatro dramatizando las diferentes escenas con los líderes y padres de tus propios alumnos, pero en secreto para que sea sorpresa (también puedes improvisarlo con voluntarios adultos o con los mismos alumnos). No elijas todos varones porque los discípulos eran hombres, elige variado para que todos puedan experimentar de cerca los últimos momentos de Jesús. Uno de tus alumnos, un líder o un adulto debe ser la *voz en off* que lee las partes del relato, y luego divide los libretos (también puedes utilizar la Biblia Experiencia Viva).

Escena 1 (10')
La cena del Señor

Invita a los alumnos a sentarse a la mesa (o que entren al salón donde la mesa estará en el escenario o en el centro, y los actores se sentarán a la mesa con Jesús). Si tienes la posibilidad de preparar algunas cosas para comer como papitas, maicitos, maníes, mejor aun. Si son tus alumnos, entrégales a algunos la parte que tienen que decir, improvisando en el momento.

Imprime varias hojas con el texto de Mateo 26:20-30. Al terminar la cena canta una canción de alabanza al Señor (a capela o con músicos, pero es importante por lo que sigue). Una vez que pase esta escena, haz una pausa en la actuación y haz estas preguntas para la reflexión.

1. ¿Cómo actuarías tú si sabes que uno de tus mejores amigos, quien comparte tus secretos más profundos y te conoce como nadie más fuera de tu círculo, está a punto de traicionarte con consecuencias muy graves?
2. Había llegado el momento, Jesús sabía lo que tenía que hacer, sabía lo que venía, quería compartirlo con sus amigos porque sabía lo que tenía que sufrir, y sentía ansiedad y temor.

Escena 2 (10')
Getsemaní

Cuando termines de cantar, levántate y di: "Vamos, acompáñenme". Hazlos caminar un poco y que comience el siguiente relato.
Leer Marcos 11:26-36.

Una vez que pase esta escena, haz una pausa en la actuación y haz estas preguntas para la reflexión.

1. Jesús necesitaba el apoyo de sus discípulos, que lo acompañasen en oración para que Él pudiera pasar esta prueba brutal. ¿Te han acompañado tus amigos en momentos difíciles? ¿Se los has pedido? ¿Cómo pueden tus amigos acompañarte?
2. Jesús necesitaba a sus amigos pero tenía tres mejores amigos que necesitaba que estuvieran más cerca: Pedro, Jacobo y Juan. ¿Quiénes son tus mejores

amigos? ¿Pueden ellos ser apoyo espiritual para los momentos más difíciles de la vida?

3. Jesús necesitaba amigos, necesitaba sus mejores amigos, pero más necesitaba de su Padre. Lo que estaba por pasar era demasiado pesado; necesitaba la aprobación y el apoyo de su Padre celestial para cumplir su misión. Nuestros padres terrenales pueden ser el mejor apoyo cuando las cosas están difíciles, pero nuestro Padre celestial es a quien más necesitamos, y cuando Él nos aprueba y respalda nuestra decisión, sabemos que el resultado será el mejor. Jesús sentía miedo, sabía lo que iba a pasar, estaba ansioso y nervioso; su humanidad sufriría gran dolor pero su soberanía traería la esperanza al mundo. ¿Has experimentado a Dios en tu dolor?

Leer o escenificar Marcos 14:37-50.

Una vez que pase esta escena, haz una pausa en la actuación y haz estas preguntas para la reflexión.

1. Jesús necesitaba de sus amigos, pero ellos no entendieron la gravedad e importancia de lo que estaba por pasarle a Jesús y se quedaron dormidos. Estaban ahí pero no pudieron acompañarlo como Jesús lo necesitaba. ¿Te han fallado tus amigos? ¿Te has encontrado en una situación en la que ellos no pueden entender ni acompañarte como lo necesitas?

2. Jesús sufrió una de las peores traiciones. Ahora, sus amigos en quienes Él había confiado todas las cosas, lo abandonan por miedo a que los maten por causa de Jesús. ¿Te han abandonado? ¿Sabes lo que se siente que te dejen de lado en un momento difícil? ¿Quizás tú has abandonado a un amigo en necesidad?

Escena 3 (10')
Arresto y muerte de Jesús

En estas escenas necesitarás voluntarios que hagan de los malos de la película, los sacerdotes, Pilato y los guardias.

Leer o escenificar Lucas 22:54-71.

Una vez que pase esta escena, haz una pausa en la actuación y haz estas preguntas para la reflexión.

1. ¿Por qué Pedro niega a Jesús? Tenía miedo. Siguió a Jesús porque lo amaba pero la situación se tornó peligrosa, y aunque estaba cerca, no tuvo las agallas de identificarse con su buen amigo Jesús. ¿Alguna vez dejaste a algún

amigo en una situación comprometida y "te saliste" del lío? ¿Por qué? ¿Cómo te sentiste después de eso? ¿Como Pedro, quizás?

2. Primero a Jesús tuvo que juzgarlo su propia gente: los judíos. El sumo sacerdote, la autoridad máxima de la religión y quien más había enseñado sobre el Mesías y la esperanza en Él, ahora está juzgándolo y no puede reconocerlo; pero Jesús, aun en su dolor por este rechazo, nunca perdió de vista quién era y por qué tenía que pasar por eso.

Lucas 23:1-2, 6, 11-21, 24-25, 32-33 y 44-46.

1. Finalmente es enjuiciado por el gobierno de Roma. Aunque no pueden encontrarlo culpable de muerte, por la presión de la maldad de la gente y de los sacerdotes judíos se decide que Jesús sea entregado "para que hicieran con él lo que quisieran".

2. Los religiosos lograron finalmente lo que querían: deshacerse de Jesús porque Él los enfrentaba y señalaba sus malas acciones. La corrección no es siempre bienvenida; nos cuesta mucho aceptar que hacemos algunas cosas mal. Jesús no vino a cambiar la ley de Dios y así poder librarnos de sentirnos imperfectos o pecadores, sino que Él vino a la tierra a cumplir la ley y a perfeccionarla, y de esa manera poder pagar el precio que nosotros no podíamos pagar.

3. Jesús estaba muerto. Todos sus seguidores estaban a la expectativa, se preguntaban: "¿Y ahora qué?". Muchas veces nosotros nos preguntamos lo mismo: "¿Y ahora qué hago con este Jesús que conozco?". Pero Él tiene un plan para nosotros.

Escena 4 (10')
Resurrección

Juan 20:1-3, 9-21, 30-31.

1. Jesús cumplió su misión: murió inocente por el pecado de toda la humanidad y resucitó tal como los profetas y Él mismo lo habían anunciado muchas veces. Jesús siempre cumple sus promesas, y esta fue la más importante de todas, porque marca un nuevo principio.

2. La cortina del santuario se rompió y por su sacrificio en la cruz ahora todos tenemos entrada a la presencia de Dios. Ahora estamos limpios para relacionarnos con Él; ya no necesitamos ser puros por nuestras acciones, sino que por medio de la sangre de Jesús que nos limpia de todo mal podemos disfrutar de la comunión con Dios.

3. Jesús murió, pero la esperanza no está en su muerte sino en la resurrección: no es en la sepultura sino en la nueva vida. Tuvo que pasar la más difícil de

las pruebas para ganar nuestra alma. ¿Cuál es tu respuesta al sacrificio de Jesús? Todos necesitamos de la cruz y del perdón. ¿Qué vas a ofrecerle a Jesús hoy? Él solo espera que le entregues tu corazón para enseñarte a vivir una vida plena.

Cierre (5')

Cierra con una oración de agradecimiento y de confesión de pecados para arrepentimiento, dándoles un tiempo a tus alumnos para poder confesarlos, y luego de alegría por la salvación. Si tienes tiempo, puedes hacer que escriban en un papel aquellas cosas que desean entregar en la cruz como símbolo de que Jesús ya lo llevó con Él al ser crucificado, y luego cierra con una oración de confesión de fe.

Descarga las lecturas diarias *En familia* **desde** *www.e625.com/lecciones*

Lección 28 > HECHOS *(primera parte)*

Capítulos 1-5: la llegada del Espíritu Santo y el comienzo del ministerio de los apóstoles

El libro de los Hechos de los apóstoles fue escrito por Lucas y es el segundo libro dirigido a Teófilo (el primero es el evangelio según Lucas). No se sabe quién fue Teófilo, pero por su expresión "distinguido (o excelentísimo) Teófilo" en Lucas 1:3, probablemente sea una persona de influencia y poder. Hechos incluye las grandes historias de las figuras notables de los primeros tiempos de la iglesia primitiva, principalmente los hechos de Pedro y Pablo. Estos acontecimientos fueron la dirección, la capacitación y el ministerio del Espíritu Santo obrando a través de los apóstoles y sus primeros discípulos para la formación e influencia de la iglesia en el mundo y la historia.

Vamos a dividir este libro en tres grandes secciones que serán tres lecciones:

* El comienzo de la Iglesia en Jerusalén (Hechos 1-5)
* La Iglesia en Palestina (Hechos 6-12)
* La extensión de la iglesia al resto de Asia Menor y Europa (Hechos 13-28)

Bienvenida y preguntas de introducción al tema (10')

Antes de comenzar la lección y después de saludar a tus preadolescentes, toma tres minutos para hacer tres preguntas no personales, para que nadie se sienta intimidado (puede ser a toda la clase o puedes elegir a uno que sepas que se siente cómodo respondiendo delante de todos).

1. ¿Qué talento tienes? ¿Qué te sale fácil y natural? ¿Qué talento te gustaría aprender?
2. ¿Cómo podrías desarrollarlo, mejorarlo o aprenderlo?
3. Si pudieras comprar un accesorio para ponerte y que tu talento se potencie al 100%, ¿cuál sería?

A todos nos gustaría poder ser excelentes en algo, destacarnos por nuestro talento especial. Sin dudar, lo mostraríamos a todos en todas las oportunidades que pudiéramos; incluso crearíamos las oportunidades para lucirnos y posiblemente nos meteríamos en todas las competencias y concursos del rubro. En el libro de Hechos, Lucas comienza la historia justo donde termina su libro anterior (el evangelio según Lucas): con Jesús resucitado. Hasta ese momento, los discípulos de Jesús lo seguían como patitos a su mamá pata, aprendían de Él y algunas veces practicaban lo aprendido, pero este es el momento en que Jesús los envía solitos a seguir con la misión (aunque no tan solitos, porque literalmente les envía una "actualización" que les permitirá desarrollar su nueva tarea a la perfección, y de eso tratan estos capítulos que aprenderemos hoy).

Antes y después (10')

Muestra imágenes de máquinas y artefactos: cómo eran antes de la electricidad y cómo han avanzado con la electricidad.

Descarga el apartado *Complementario* **desde** *www.e625.com/lecciones* **donde encontrarás la hoja** *Antes y después.* **Imprime las imágenes lo más grandes posible para la actividad siguiente, o si puedes reemplazarlas por similares, ¡no hay problema! (te las dejamos aquí para que sepas cuáles son)**

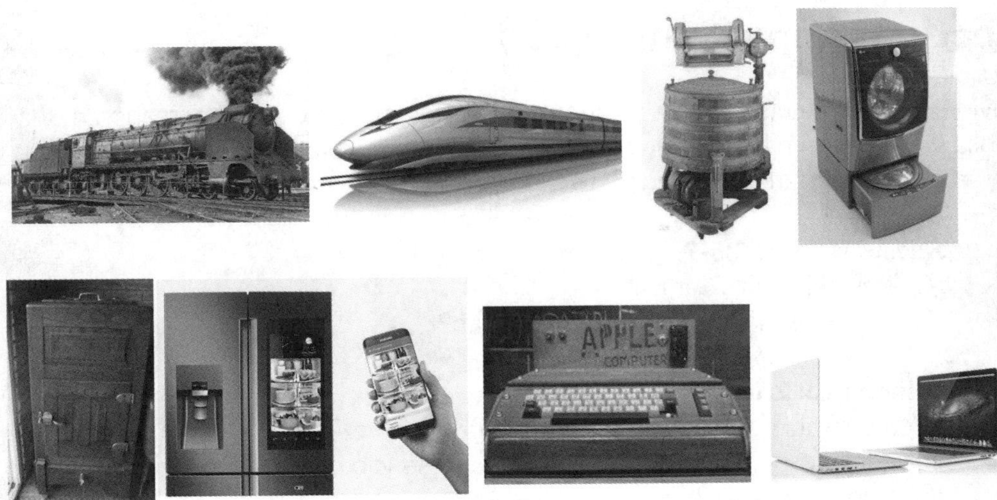

Jesús caminó con sus discípulos siendo su ejemplo, enseñándoles todo lo necesario para que ellos pudieran también enseñar. Les dio fe y los capacitó para ser los primeros líderes de la iglesia de Jesucristo en el mundo, pero al igual que la primera vez que dormimos en la casa de un amigo lejos de nuestra cama y de nuestra familia, los discípulos estaban asustados, temerosos, dubitativos y algo confundidos porque seguir a Jesús era difícil, pero ahora tenían que recordar las lecciones y ser fuertes e inteligentes como lo había sido su líder.

Jesús y el Padre sabían que los discípulos necesitaban una ayuda supernatural que los guiara, les recordara lo aprendido, los llenara de fe y súper poderes que ellos ni siquiera sabían que podían tener; este súper poder era Dios mismo en su tercera persona, el Espíritu Santo. Dios (el creador de todas las cosas), Jesús (fue Dios hecho carne) y ahora el Espíritu Santo en ellos, para poder lograr la misión.

Es bastante parecido a poder enchufarse a algo y descargar la última actualización de un talento especial. Los discípulos ya tenían las bases, el ejemplo y la inspiración. El Espíritu Santo es la actualización más potente, la súper carga que los lleva a su máximo potencial, así como la electricidad en el tren o el lavarropas. Sin el poder del Espíritu Santo, ellos no podían hacerlo bien; quizás hubieran logrado algunas cosas, pero es muy probable que se hubieran rendido en la primera dificultad o sufrimiento. Así ocurre también con nosotros: el Espíritu de Dios es una promesa para todos los que creemos en Jesús como nuestro salvador (5:32), porque solo a través de Él es que logramos vivir una vida al máximo potencial, enfocados en lo que vale la pena, listos para enfrentar las dificultades y preparados para llevar el mensaje de salvación a los que no lo tienen aún.

Lecturas importantes (20')

Divide estos versículos entre tus alumnos. Puedes marcarlos de antemano en una Biblia y que vayan pasándosela o puedes escribirlos en papelitos, pero intenta que ya estén marcados (también puedes dividirlos en grupos para leer y contestar).

La promesa: Hechos 1:5-9
- ¿Qué es el Espíritu Santo?
- ¿Para qué les dice Jesús que lo necesitan?

El cumplimiento: 2:1-4, 38-39
- ¿Cómo recibieron el Espíritu Santo la primera vez?
- ¿Qué le aconseja Pedro a la gente que presenció cómo el Espíritu Santo vino sobre los creyentes?
- ¿Para quién es la promesa del Espíritu?

La acción: 3:1-10; 5:12-16
- ¿Qué cosas fueron capaces de realizar luego?

El precio: 4:1-5, 16-20, 29-31; 5:17-24, 28-32, 41-42
- ¿Por qué los arrestaron?
- ¿Qué respondieron Pedro y Juan cuando quisieron callarlos?
- ¿Qué pasó cuando oraron?

Cierre (10')

Muchas veces compartir del Señor con nuestros amigos no es tan fácil como qui-siéramos, y aun hoy tendríamos algunos problemas para hacerlo, pero con el poder del Espíritu Santo y siendo fieles al Señor podemos lograr las cosas más imposibles. Así como los apóstoles necesitaron del Espíritu Santo para lograr lo que tenían que hacer, así también lo necesitamos hoy; su manifestación puede ser de muchas ma-neras, pero sigue siendo el mismo poder, y sin él no podemos agradar a Dios, porque en nuestras fuerzas somos como ese lavarropas viejo que requiere de mucho tiempo y esfuerzo para lavar la ropa, o ese tren a vapor que avanza pero muy lento y pesa-do. Con el Espíritu Santo, podemos "enchufarnos" al Señor y entonces entender su mensaje, vivir su voluntad y llevar el mensaje a nuestros amigos y familiares.

Pero empecemos de adentro hacia afuera. ¿Cuáles son algunas de las cosas que te cuestan más? ¿Cómo te gustaría que el Señor te "súper cargase" de poder para vencer esa situación?

¿Quién de las personas que conoces necesita al Señor, pero no te has animado a contarle de Él? ¿Cómo podemos mostrarles el amor de Dios sin usar palabras?

El Espíritu Santo fue una promesa de Jesús hace miles de años, pero sigue siendo una verdad para todos aquellos que aman a Dios y le entregan el poder de su vida confesándolo como su Señor. Todos necesitamos de su poder para superar las difi-cultades, para serle fiel y para ser sus testigos. Haz una oración de confesión, dando espacio a que tus alumnos puedan confesar sus dificultades al Señor en oración. Sigue orando por arrepentimiento y entrega, y finalmente pide al Señor que bendiga con su Espíritu a tus alumnos para que puedan ser sus discípulos y para que puedan llevar y vivir la palabra de Dios con poder.

Descarga las lecturas diarias *En familia* **desde** *www.e625.com/lecciones*

Lección 29 > HECHOS (segunda parte)

Capítulos 6-12: la iglesia se extiende a Palestina y a los gentiles

Bienvenida y preguntas de introducción al tema (10')

Antes de comenzar la lección y después de saludar a tus preadolescentes, toma tres minutos para hacer tres preguntas no personales, para que nadie se sienta intimidado (puede ser a toda la clase o puedes elegir a uno que sepas que se siente cómodo respondiendo delante de todos).

1. ¿Cuáles son los sufrimientos que más a menudo vemos o escuchamos en la gente?
2. Si pudieras acabar con uno de ellos, ¿cuál escogerías y por qué?
3. ¿Lo harías gratis, o incluso gastando de tu dinero para lograrlo?

Los discípulos de Jesús tenían algo maravilloso que contarle a todo el mundo, tenían el secreto de la vida eterna y conocían bien quién era el dador de esa vida. Su misión era contarles a todos de este Dios verdadero, de este rey que traería su reino a la tierra, un reino sin igual, de gozo y paz como nunca antes; estaban dispuestos a darlo todo, a sufrir, a que se burlaran de ellos, a que los encarcelaran y hasta a morir. Ellos fueron los primeros héroes de la fe y en quienes se levantaron las columnas de la iglesia. Hace miles de años cumplieron su propósito y hoy están plasmados en las páginas del libro más leído, más vendido y más traducido a la mayor cantidad de lenguas posibles.

Esteban versus Saulo (20')

Entrega a tus alumnos la hoja de trabajo correspondiente y dales la siguiente consigna: deberán leer los versículos que siguen y dibujar según la lectura a los dos personajes que están describiéndose (asegúrate de recordarles que no dibujen nada inapropiado).

Descarga el apartado *Complementario* **desde** *www.e625.com/lecciones* **donde encontrarás la hoja** *Esteban versus Saulo* **para que puedan desarrollar la consigna solicitada.**

Esteban y Pablo no podían ser más opuestos: Esteban estaba lleno de fe y del Espíritu Santo, de la gracia y del poder de Dios (6:8) y hasta llegó a tener el rostro de un ángel (6:15), mientras que Saulo —o Pablo— presenciaba cómo mataban a los cristianos y estaba de acuerdo (8:1), los perseguía y los arrestaba (8:3), y la Biblia nos dice que respiraba amenazas de muerte contra los discípulos (9:1). Pero Dios tenía otros planes, lanes que humanamente no podemos entender o ver...

(*Lee Hechos 9:3-31*)
Esteban tuvo que morir a los pies de Saulo; Esteban cumplió con su parte.

Saulo —a quien luego conocemos como Pablo— tenía una idea equivocada de quién era Dios; él era judío y conocía la ley de Moisés muy bien, pero creía que los cristianos estaban en contra de ella. No había aún experimentado al Dios vivo.

Cuando Dios se le presenta a Saulo y se da a conocer, Saulo da un giro completo pero no deja de ser quien es, y con esa misma pasión y deseo comienza a ser un discípulo de Jesús. Cristo mismo llegó a decir de él: *Yo lo he escogido para que pregone mi nombre tanto entre las naciones, delante de reyes, como al pueblo de Israel* (Hechos 9:15). Dios siempre tiene un plan mejor que el nuestro: Él usa los talentos que tenemos y nuestra personalidad para llegar a donde otros no pueden llegar, para lograr lo que no todos pueden lograr, para alcanzar lo que solo cada uno de nosotros individualmente podemos alcanzar.

Gracias a los hombres que estuvieron dispuestos a morir por las nuevas noticias de salvación por medio de Jesús y por predicar su resurrección para vida eterna, es que la iglesia comenzó a extenderse por todo Medio Oriente. Al morir Esteban, muchos creyentes se dispersaron hacia las ciudades cercanas y no tan cercanas, y por donde iban llevaban las buenas noticias, hacían milagros y enseñaban con gran sabiduría, cada uno según la gracia que el Espíritu Santo les daba. Tuvieron que sufrir la tortura y la cárcel, pero también experimentaron el poder de Dios librándolos del mal para cumplir su propósito. Todos estaban dispuestos a morir por la causa.

Cierre (10')

Piensa y dibuja (en la parte de atrás del papel que cada uno se dibuje a sí mismo en secreto): **¿cuáles son tus fortalezas?**

-Haces amigos rápido
-Te gusta sonreír
-Eres bueno/a para algún deporte
-Eres artista

-Sabes escuchar
-Sabes dar buenos consejos
-Sabes pedir perdón
-Puedes darte cuenta cuando alguien está mal
-Tienes buena memoria
-Otros… (*trata de pensar en lo que sabes o puedes percibir de tus alumnos*)

¿Qué cosas ves en tu carácter hoy que deseas que Dios les dé un mejor propósito?

-Te enojas fácil
-Insultas rápidamente
-Te encierras en ti sin hablar con nadie
-Tienes miedos
-No te sientes a gusto con tu cuerpo
-Eres rápido para responder
-Te sientes menos que otros
-Engañas a los adultos con facilidad
-Te importa demasiado lo que los demás dicen de ti
-Necesitas del afecto de los demás para sentirte bien
-Otros… (*trata de pensar en lo que sabes o puedes percibir de tus alumnos*)

Dios puede hacer con tus fortalezas y debilidades lo que menos te imaginas. Él desea usarte y darle propósito a tu vida; con su Espíritu Santo puede darle un giro completo al más bueno o al más roto. ¡En Él tenemos vida nueva!

Cierra con una oración que incluya confesión de fe, arrepentimiento, entrega y pedido del poder del Espíritu Santo para recibir ese poder para el cambio de parte del Señor.

Descarga las lecturas diarias *En familia* **desde** *www.e625.com/lecciones*

Lección 30 > HECHOS (tercera parte)

Capítulos 13-28: el testimonio hasta los confines de la tierra

Bienvenida y preguntas de introducción al tema (10')

Antes de comenzar la lección y después de saludar a tus preadolescentes, toma tres minutos para hacer tres preguntas no personales, para que nadie se sienta intimidado (puede ser a toda la clase o puedes elegir a uno que sepas que se siente cómodo respondiendo delante de todos).

1. ¿Cuál fue el viaje más largo que has hecho?
2. ¿Cuál sería un viaje que te gustaría hacer? ¿Qué tan largo sería? ¿Cuántas paradas harías? ¿Por qué esos lugares?
3. ¿A quién llevarías contigo en esos viajes? ¿Por qué?

Luego de que Saulo conoció a Dios, su objetivo cambió por completo: de perseguir, encarcelar y matar a los cristianos pasó a ser uno de los discípulos que más influyó en la sociedad hablando del mensaje de salvación. Así como le dijo Dios a Ananías en el capítulo 9:15-16, Dios lo usó para hablarle a la gente común y a los reyes, pues Pablo conocía bien la ley de Moisés y ahora además tenía el Espíritu Santo para darle vida.

Saulo no dejó de tener pasión por el Señor y deseos de agradarle con todo lo que hacía; ahora tenía un propósito de parte de Dios y en Él pondría todo su conocimiento, fuerza y fe, y por eso es que Pablo se embarca en un viaje de por vida.

Postales de Pablo (20-30')

Prepara varios sets o juegos de 18 tarjetitas duras (como si fueran postales), uno para cada equipo que juegue. En cada una de las tarjetitas escribe "Saludos desde..." y el nombre de una de las ciudades a continuación (cada set debe tener las 18 ciudades para cada equipo):

1- Chipre / 2- Antioquía / 3- Iconio / 4- Listra / 5- Derbe / 6- Jerusalén
7- Macedonia / 8- Filipos / 9- Tesalónica / 10- Berea / 11- Atenas / 12- Corinto
13- Éfeso / 14- Grecia / 15- Troas / 16- Cesarea / 17- Malta / 18- Roma

Para dividir a tus alumnos en dos o más grupos de unos diez alumnos cada uno, busca tantas fotos de los monumentos o construcciones mundialmente conocidas como grupos necesites formar: pueden ser fotos como la Torre Eiffel, el Puente de Brooklyn, la Casa de la Ópera de Sydney o algunos que te gusten de tu ciudad.

Si necesitas dividirlos en dos grupos solo escoge dos fotos, si son cuatro grupos entonces necesitarás cuatro imágenes, y así sucesivamente. Descárgalas e imprime diez o más copias de cada foto. Al momento de jugar, segúrate que tienes la misma cantidad de copias de cada foto y que hay solo una para cada alumno. Mete todas estas fotos en una bolsa y que cada alumno saque una foto sin ver: luego, deben juntarse con todos los que tengan la misma imagen, y esos serán los grupos. Si son desparejos, no te prepcupes, pero asegúrate de que todos pertenezcan a un equipo.

Una vez que estén separados, entrega a cada equipo un juego de las tarjetas que preparaste y una Biblia. A la señal, deben poner en orden las tarjetas, enumerándolas según el orden de los viajes de Pablo. El equipo que termina primero gana cien puntos. Pero para que el otro equipo tenga su chance de revancha, el juego se complica un poco más: ahora entrégales la siguiente lista de nombres para que los encuentren en las historias de los viajes de Pablo. El que logre colocar correctamente los nombres en las postales con la cita bíblica donde se encuentran esos nombres, recibirá doscientos puntos. Si puedes tener preparado un premio que puedan compartir entre los jugadores del equipo, ¡mejor!

Agripa y Berenice / Ananías / Apolos / Aquila y Priscila / Barjesús / Demetrio
Dionisio y Dámaris / Erasto /Felipe / Jasón / Juan Marcos / Judas
Julio / Lidia / Publio / Silas / Tértulo / Timoteo

Reflexión (10')

Saulo, también llamado Pablo, había sido perseguidor de cristianos. Con el gran celo de la ley que conocía, trataba de exterminar a la "nueva religión", pero Dios —que conoce todas las cosas y sabe muy bien quiénes somos— tenía otros planes para Pablo. En las manos del Señor fue una herramienta imprescindible para la iglesia primitiva, y gracias a su tenacidad, pasión y conocimiento llegó a plantar decenas de iglesias y a hacer miles de discípulos fieles al Señor que llevaron el evangelio a todo el mundo. No fue fácil, ya padeció torturas, cárcel, burlas, naufragó y ¡hasta lo mordió una víbora! Pero Pablo sabía bien quién era, para quién trabajaba y adónde iba.

El Señor nos llama a todos, en la condición en que estamos, sin importar si nos sentimos adecuados o no para lo que debemos hacer. Él nos promete estar con nosotros, equiparnos con su Espíritu Santo y sostener nuestra espalda en toda situación. ¿Nos promete que todo será color de rosas? ¡No! Nos dice en cambio que, así como Jesús padeció por libertarnos del mal, así nosotros también sufriremos por otros, pero su recompensa es mucho más grande que la que el mundo puede darnos.

Preguntas para reflexionar:
(haz estas preguntas y pídeles que piensen las respuestas en silencio)

- ¿Qué significa que Dios llama a alguien?
- ¿Está llamándote el Señor? ¿Cuál crees que es su llamado para ti?
- ¿Crees que puede usarte tal cual eres?
- ¿Estás dispuesto a seguirlo donde sea que te lleve? ¿Dónde crees es ese lugar?
- ¿Cuál será tu respuesta?

Cierre (5-10')

Pablo y los discípulos fueron los primeros misioneros del evangelio del reino de Dios, pero muchos han sido quienes llevaron la palabra de salvación al mundo entero. Miles de ellos han sufrido y han muerto en tierras desconocidas y lejos de sus familias por causa del evangelio. Así como Jesús, ellos entregaron su vida por llevar la salvación a través del Señor a quienes de otra manera nunca lo hubieran conocido.

El Señor puede llamarnos a ir a lugares lejanos o a hablarles a quienes nos rodean; puede que nos llame a hacerlo con palabras, con arte, con videos o con cualquier talento que Él nos haya dado, pero lo importante es decirle que sí y obedecerle. Nuestra fe puede ser lo único que nos separa de una vida maravillosamente sobrenatural de la mano del Dios de los milagros.

Cierra esta lección orando por aquellos que van a ser llamados a las naciones vecinas y por quienes llevarán el mensaje de salvación en su propia ciudad natal. Pide el poder del Espíritu Santo para afirmar sus corazones, reforzar la fe y traer convicción, como aquella vez pasó con Pablo.

Puedes buscar el video o la canción *"Si no lo hago yo"* de Marcos Witt, o alguna otra más conocida por ellos. Hay algunos videos en internet ya creados con imágenes que muestran la necesidad de llevar la palabra de Dios a los que no la han escuchado.

Descarga las lecturas diarias *En familia* **desde** *www.e625.com/lecciones*

Lección 31 > SANTIAGO

Esta es una carta que empieza como carta y termina como sermón. Se cree que el autor fue el medio hermano de Jesús (Mr 6:3); Jacobo fue conocido como "Santiago el justo" por su devoción a la justicia. Su carta a los cristianos dispersos después de la muerte de Esteban hace hincapié en llevar a la práctica lo aprendido. Es una carta rica en muchos contenidos que al día de hoy son primordiales en la vida junto con Dios, y fue escrita con la autoridad de uno que había visto personalmente a Cristo resucitado. Santiago —con su devoción a las afirmaciones directas y penetrantes— tiene un énfasis práctico que destaca la conducta piadosa.

Bienvenida y preguntas de introducción al tema (10')

Antes de comenzar la lección y después de saludar a tus preadolescentes, toma tres minutos para hacer tres preguntas no personales, para que nadie se sienta intimidado (puede ser a toda la clase o puedes elegir a uno que sepas que se siente cómodo respondiendo delante de todos).

1. ¿Qué es la fe? ¿Cómo nace la fe?
2. ¿Qué es una prueba? ¿Qué cosas se prueban? ¿Cuáles fueron las pruebas más difíciles que te tocó vivir?
3. ¿Cómo ayuda la fe en las pruebas?

¡Zancos en sillas! (20')

Como todos sabemos, a los preadolescentes les encanta el riesgo y la aventura, así que ¡vamos! Arma dos grupos de la siguiente manera: pide a dos amigos varones que pasen el frente y cúbreles los ojos con una tela, y pídele al resto de los alumnos que sin hablar formen un círculo alrededor de ellos. Estos dos jugadores, con los ojos vendados, deberán elegir a sus jugadores; no pueden hacer preguntas ni elegir a los que están uno al lado del otro, sino que tendrán que cruzarse de un lado al otro del círculo buscando compañeros. Cuando son tocados por el jugador vendado deben sentarse a un lado. El círculo se achicará a medida que los jugadores son elegidos.

Un jugador de cada equipo pasará al frente y tendrá que recorrer cierta distancia (si tienes tiempo, pon algunos obstáculos) caminando con dos sillas atadas, una en cada pierna (puedes hacerlo con cinta adhesiva gruesa). ¡Una carrera de sillas como si fueran zancos! (busca sillas que no se plieguen; dos compañeros irán a los costados sin tocarlo —solo en caso de que pueda caerse—). Quien llega primero, gana.

Si no tienes muchos alumnos, pueden competir todos; si tienes demasiados, arma varios equipos, o hazlo con relevos (que otro jugador con otras sillas atadas a sus pies esté esperando en un punto del camino). Acomoda las dificultades según las destrezas de tus alumnos y hazlo tan largo como puedas; también puedes cambiar las sillas por otros objetos, pero que sean impensados y hasta ridículos.

Pregunta al final de la carrera para los que no estaban en la silla: ¿qué piensan que fue lo más difícil? También pregunta a quienes tenían las sillas en sus piernas: ¿qué fue lo primero que pensaron cuando se les explicó el juego? ¿Qué parte de todo lo que tuvieron que hacer fue lo más difícil? ¿Por qué?

Introducción

En la vida cotidiana depositamos fe en cientos de cosas; parece raro, pero vivimos ejerciendo fe constantemente, por ejemplo, en una silla. Uno se sienta con fe, confiado en que esa silla va a sostenerlo y no se caerá. Te sientes seguro de que así pasará, como pasó en esta carrera que recorrimos arriba de las sillas. Sabías que las sillas te sostendrían, no lo dudaste; no sabías si podrías caminar con ellas, pero sabías que las sillas podían soportar tu peso. Eso es fe en acción. Otro ejemplo muy común es la tecla que enciende la luz: cuando la encendemos, tenemos fe de que encenderá la luz. Nuevamente ejercemos la fe con acciones. Nos sorprenderíamos o preocuparíamos si la silla se rompe o la luz no enciende; no es porque no tiene la capacidad, sino que hay un problema, porque hemos encendido esa luz mil veces y las mil veces ha funcionado. Hoy aprenderemos cómo la práctica de nuestra fe en Jesús hace que aprendamos a confiar sin dudas en Él.

Repaso del libro (10')

Separa el grupo en cinco subgrupos, entrégales a cada grupo un capítulo del libro de Santiago para que completen con sus Biblias en mano y luego ayudarán a ordenar las ideas.

Descarga el apartado *Complementario* **desde** *www.e625.com/lecciones* **donde encontrarás las hojas correspondientes a los capítulos de la carta de Santiago. Imprime las hojas de cada capítulo para entregar en los grupos.**

Al principio de la clase hablamos de lo que era la fe y las pruebas para cada uno de nosotros. Nadie se salva de las pruebas de la vida, ¡y Jesús sufrió de las peores! No somos más que Jesús; Él mismo dijo que *"Ya se acerca la hora, ya ha llegado, en que ustedes huirán cada uno por su lado y a mí me dejarán solo. Pero no estoy solo, porque el Padre está conmigo. Yo les he dicho estas cosas para que en mí encuentren paz. En este mundo van a sufrir, pero anímense, yo he vencido al mundo"* (Jn 16:32-33).

Jesús habla a los discípulos de cuando Él sería entregado para morir en la cruz. Cuando en sus peores pruebas hasta sus amigos lo abandonaron, pudo estar confiado en que Dios estaba con Él y no estaría solo; así también nosotros podemos confiar con seguridad, como cuando encendemos la luz y sabemos que va a prender o como cuando nos sentamos y sabemos que la silla nos soportará. Dios está con nosotros porque, aunque no podamos evitar las dificultades, podemos soportarlas con ánimo, sabiendo que Jesús ha vencido cualquier cosa que este mundo pueda lanzarnos.

Conclusión del libro (15')

Para esta conclusión, te sugerimos que imprimas los carteles como están en el diagrama a continuación para que, a medida que repasan lo que los chicos acaban de completar, puedas al mismo tiempo explicar el concepto de la fe, las obras, las pruebas y las consecuencias de todo esto.

Descarga el apartado *Complementario* **desde www.e625.com/lecciones donde encontrarás la hoja relacionada al cuadro dinámico de Santiago. Imprime las hojas de cada capítulo para entregar en los grupos.**

¿Sirve solo la fe y no hacer nada al respecto? (*No, nuestras acciones deben mostrar nuestra fe*)
¿Alcanzan solo las buenas acciones sin la fe en Jesús? (*No, solo Jesús puede salvarnos creyendo en Él, por nuestra fe en su salvación*)

Entonces, la fe necesita del conocimiento de Dios para producir no solo más fe sino también acción. Al estar en acción siempre seremos probados, y el ejercicio de pasar la prueba firmes en el conocimiento de Dios desarrolla esa firmeza con la que el Señor promete ayudarnos a ser maduros, completos y sin que nos falte nada. ¿Qué más podemos pedir? ¡Solo alabar al Señor, que no solo nos fortalece para pasar la prueba sino que nos recompensa con mucho más de lo que el mundo puede darnos!

Busca en YouTube las siguientes canciones extras de cierre:
Indudablemente (Rescate) - Si puedes creer (Marcos Witt)

Descarga las lecturas diarias *En familia* **desde www.e625.com/lecciones**

Lección 32 > GÁLATAS

La carta de Gálatas fue escrita por Pablo para las iglesias de la región de Galacia que tenían miembros judíos y no judíos (gentiles). En un principio habían entendido la gracia de Dios y el origen de la salvación, pero ahora muchos de los maestros querían imponer a los no judíos la ley judía como requisito para convertirse en cristianos; más específicamente, querían imponer la circuncisión a los hombres. Como los gálatas estaban creyendo en la necesidad de este proceso, Pablo les escribe para defender la justificación por la fe. El tema central del libro es la libertad en Cristo versus el legalismo de la tradición y la ley.

Bienvenida y preguntas de introducción al tema (10')

Antes de comenzar la lección y después de saludar a tus preadolescentes, toma tres minutos para hacer tres preguntas no personales, para que nadie se sienta intimidado (puede ser a toda la clase o puedes elegir a uno que sepas que se siente cómodo respondiendo delante de todos).

1. ¿Qué leyes crees que nos ayudan a tener orden pero a su vez nos limitan?
2. ¿Qué leyes dan libertades a la gente en cosas que no estás de acuerdo? (ten cuidado con los temas que vas a dar como ejemplo, ya que en algunos lugares hay temas más sensibles que otros)
3. ¿Qué guerras o luchas contra la ley conoces que se hicieron para abolir ciertas leyes?

Hay leyes que aportan orden a la sociedad, pero hay otras que han causado guerras. En la carta a los gálatas, Pablo se opone a la esclavitud de la imposición de un montón de leyes que nada tenían que ver con el ser libres en Cristo. Esto armó una gran revolución.

¡A ver si puedes! (15')

Tres participantes pasarán al frente a escribir en el pizarrón o en una lámina el versículo de Gálatas 5:1. Otro alumno o profesor debe comenzar a dictar el versículo desde el otro extremo del salón (bastante alejado como para levantar la voz), y a medida que los participantes comienzan a escribirlo, el resto de los alumnos debe comenzar a darles reglas de cómo hacerlo (saltando en un pie, con la mano detrás de la espalda, con un ojo cerrado, con la mano izquierda, etc.) y así van sumándose las reglas. El alumno que primero logre terminar de escribir el versículo es el ganador.

Libertad versus esclavitud (30')

Descarga el apartado *Complementario* **desde** *www.e625.com/lecciones* **donde encontrarás la hoja** *Libertad versus esclavitud (hoja de trabajo).* **Entrega una copia a cada uno para que la complete según su parecer (tambien necesitarán lápiz y Biblia).**

Descarga el apartado *Complementario* **desde** *www.e625.com/lecciones* **donde encontrarás la hoja** *Libertad versus esclavitud (respuestas para el maestro).* **Dale a los chicos espacio para opinar y escúchalos.**

Cierre y tiempo de reflexión personal (5')

Piensa en aquellas cosas que están esclavizándote y no te dejan disfrutar de la libertad en Cristo. Regresa al punto 5A y examínate: ¿qué cosas están esclavizándote? Escríbelas en la parte de atrás del cuestionario y pídele a Dios ser libre de ellas.

El mundo se disfraza de bueno y nos hace caer para ser esclavos de él; la religión nos esclaviza haciéndonos pensar que estamos haciendo lo correcto, pero el verdadero amor de Dios nos da libertad para que, viviendo y agradando a Dios por la guía del Espíritu Santo, podamos llegar a vivir con libertad disfrutando cada minuto de nuestra vida.

Descarga las lecturas diarias *En familia* **desde** *www.e625.com/lecciones*

Lección 33 > 1 Y 2 TESALONICENSES

El autor de las dos cartas a la iglesia en Tesalónica fue Pablo y con él estaban sus colaboradores y compañeros de viaje, Silvano y Timoteo. Se cree que las escribió mientras estaban en Corinto entre los años 51 y 52 d.C. En la primera carta a los tesalonicenses, Pablo trata el tema de la esperanza en Cristo y su segunda venida, y en su segunda carta describe los efectos de la segunda venida de Cristo, la glorificación de los creyentes y el juicio de Dios a los incrédulos.

Bienvenida y preguntas de introducción al tema (10')

Antes de comenzar la lección y después de saludar a tus preadolescentes, toma tres minutos para hacer tres preguntas no personales, para que nadie se sienta intimidado (puede ser a toda la clase o puedes elegir a uno que sepas que se siente cómodo respondiendo delante de todos).

1. ¿Qué tipo de mensajes escriben los padres a sus hijos cuando están lejos de ellos por un tiempo, quizás unos días?
2. ¿Cuántas veces al día lo hacen?
3. Si pudieran adelantarse a ellos y responderles lo que les preguntan a diario, ¿qué sería lo primero que creen que deberían responder?

Si sus padres son como los míos, por lo general sus mensajes están llenos de órdenes como "Abrígate, hace frío", "No te olvides de hacer tu tarea", "Llámame cuando llegues", "¿Estás pasándola bien?, ¿Quieres que vaya a buscarte?", "Te quiero, hija", etc. Algunos padres pueden escribir estos y otros mensajes con el objeto de saber cómo te encuentras, si necesitas ayuda, etc., y lo hacen con verdadera preocupación y cariño. Pero hace muchos años atrás, la manera de obtener información sobre las personas queridas que se encontraban lejos era a través de las cartas.

"El mensajero Timoteo" (25')

Divide a tu equipo en grupos de la siguiente manera: prepara unas cartulinas de colores y a medida que vayan entrando, que un colaborador vaya escribiendo los nombres de los chicos en cada una de ellas (debe escribir uno en cada una en orden rotativo para que sea pareja la cantidad de alumnos en cada una). Luego, cuando llegue esta parte del encuentro, divídelos según los colores llamando los nombres que ahí figuran.

De un lado del salón coloca a todos los equipos y entrégales las imágenes que pertenecen a esta lección.

Del otro lado del salón habrá una mesa y los mensajes que siguen, escritos en papeles separados. Los jugadores deben correr a la mesa, tomar un mensaje, leerlo en voz alta y entre todos decidir a qué imagen pertenece. El equipo que lo complete primero es el ganador.

Mensaje 1: 1 Tesalonicenses 4:3-6
Mensaje 2: 1 Tesalonicenses 4:7-8
Mensaje 3: 1 Tesalonicenses 4:9-10
Mensaje 4: 1 Tesalonicenses 4:11-12
Mensaje 5: 1 Tesalonicenses 5:14-15
Mensaje 6: 1 Tesalonicenses 5:16-18
Mensaje 7: 2 Tesalonicenses 2:15-16
Mensaje 8: 2 Tesalonicenses 3:7-10
Mensaje 9: 2 Tesalonicenses 3:13

Reflexión

Ambas cartas a los tesalonicenses tienen por protagonistas a los hijos espirituales del apóstol Pablo, un grupo de personas que se habían convertido a Cristo y habían creído de todo corazón. Pablo y su colaborador Silas estaban preocupados por ellos porque en aquel tiempo los cristianos eran perseguidos hasta la muerte por predicar que Jesús era el único rey, y por eso algunos podrían haber sentido la tentación de dejar la fe y vivir una vida en desobediencia, y otros serían confundidos con enseñanzas equivocadas de falsos maestros. El apóstol les escribe para asegurarse de que están siguiendo las enseñanzas de Jesús y de que están viviendo una vida que lo refleja. Tanto los amaba que les envía a Timoteo, un joven colaborador, a que los visite para que les traiga noticias de ellos. Por esto, Timoteo viene a ser "el mensajero".

Pablo, como buen padre espiritual, aprovecha la oportunidad y les escribe porque se sentía orgulloso de ellos y para afirmar lo que habían aprendido, pidiéndoles que sigan las enseñanzas de Jesús cada día "más y más". Les pide así porque la vida cristiana tiene que ser una vida de crecimiento continuo, donde cada día vamos conociendo más a Jesús para hacer lo que a Él le agrada.

Aplicación

Las imágenes nos ayudan a ver cómo estas recomendaciones de Pablo son válidas para nosotros hoy en día también.

Descarga el apartado *Complementario* **desde** *www.e625.com/lecciones* **donde encontrarás las hojas de** *Los mensajes de Pablo para mí.* **Entrega una copia a cada alumno para que completen al finalizar la actividad anterior. En la segunda columna ellos pueden escribir sus desafíos, y en la tercera la manera de cumplir el consejo de Pablo.**

Para llevar una vida que agrada a Dios es necesario que nos preguntemos: ¿Qué haría Jesús?, ya que Él es nuestro mayor ejemplo. Vivir una vida cristiana es vivir la voluntad de Dios. Cuando Dios quiere algo para nosotros, es para nuestro bien (¡siempre es así!), y obedecerle es honrar su voluntad y su propósito para nosotros. Pablo les ayuda a sus discípulos a enfocarse en lo que es importante y bueno: nuestras acciones (todas) deben reflejar quiénes somos. Muchas cosas estaban distrayendo a los creyentes de Tesalónica, y Pablo los alienta a que se reenfoquen.

Descarga las lecturas diarias *En familia* **desde** *www.e625.com/lecciones*

Lección 34 > 1 CORINTIOS

Como dice el primer versículo de la carta, el autor es Pablo. Probablemente la escribió a mediados del año 55 d.C. desde la ciudad de Éfeso en su tercer viaje misionero (Pablo esperaba visitarlos pronto). La carta a la iglesia en Corinto se centra en ayudar a los creyentes a ser maduros en Cristo, a corregir algunas falsas enseñanzas que se entremetían en la iglesia, recordándoles el sacrificio en la cruz y especialmente la resurrección de Jesús para santificación de los creyentes en Cristo.

Bienvenida y preguntas de introducción al tema (10')

Antes de comenzar la lección y después de saludar a tus preadolescentes, toma tres minutos para hacer tres preguntas no personales, para que nadie se sienta intimidado (puede ser a toda la clase o puedes elegir a uno que sepas que se siente cómodo respondiendo delante de todos).

1. ¿Qué es una iglesia?
2. ¿Qué tipo de gente forma una iglesia?
3. ¿Es la iglesia perfecta? ¿Por qué no? ¿Cómo sería una iglesia perfecta?

En la iglesia de Corinto había varios líderes (quizás hoy los llamaríamos pastores o ancianos), y la gente de la iglesia hacía comparaciones y diferencias. ¿Te suena conocido? Es un problema que surge de una mentalidad humana inmadura. Pero Pablo se entera de lo que está pasando y procura ayudar a esta comunidad de cristianos a vivir una vida enfocada en Cristo.

Para ello, envía a Timoteo (1 Co 4:17) para que les recuerde cómo deben comportarse y cuáles eran las enseñanzas de Pablo al respecto. Pablo, en su primera carta a los corintios, les recuerda y enseña muchas cosas, pero una de ellas quizás es la más importante. Todavía es crucial entender esto hoy en día ya que es la esencia de la iglesia, y en eso vamos a enfocarnos.

Muchos miembros, un solo cuerpo (15-20')

Para la siguiente actividad necesitarás plastilina, arcilla, masa para moldear o algo parecido (si es de colores, mejor). Entrégale un pedazo de plastilina a cada alumno, lo suficiente como para crear una figura humana. Tendrás algunos alumnos muy emocionados con la plastilina, pero diles como regla que tienen treinta segundos para armar lo que les toca y luego pasarlo. No pueden tomar más tiempo, así que tendrán que pasarlo como les quede. Debes dar la orden de "pasarlo" para marcar el tiempo, y quizás llegados los quince segundos marcarlos para que sepan qué tiempo tienen (buen ejercicio para la concientización del tiempo). Luego, dales las siguientes instrucciones:

- Crea una cabeza (solo la cabeza) y el pelo de tu muñeco
- Luego pasa tu muñeco al alumno de la derecha
- A la cabeza que te pasaron agrégale el torso del muñeco
- Pásalo a la derecha
- Al torso y cabeza agrégale piernas
- Pásalo a la derecha
- Ahora los brazos
- Pásalo a la derecha

Y así con los detalles de todo el cuerpo, la cara, orejas, ropa, adornos, etc. Puedes hacerlo tan simple o tan complicado como quieras.

El último alumno debe darle un nombre y un "poder" especial (volar, saltar tan alto como quiera, correr a la velocidad de la luz, rayos láser en los ojos, súper fuerza, invisibilidad, etc., tratando de que no se repita). Que escriban el nombre y el poder especial en un papel, donde luego cada creación quedará en exposición.

Preguntar:
¿Por qué ese súper poder?
Si ustedes tuvieran el súper poder del muñeco que hicieron, ¿qué harían con él?
(Variante: si no tienes acceso a la plastilina, entrégale una hoja de papel blanco a cada alumno y algo para dibujar, entonces das las mismas instrucciones, solo que deben dibujarlo en vez de moldearlo)

Reflexión (15')

No te detengas demasiado tiempo en cada pregunta; da tiempo para reflexionar, pero avanza con rapidez para que se entienda el sentido y no pierdan la atención.

Leer un versículo cada uno de 1 Corintios 12:12-31.

¿Cómo está explicando Pablo a los corintios lo que es la iglesia?
¿Cómo nosotros somos ese "cuerpo"?
¿Son entonces todos y cada uno necesarios? ¿Por qué?
¿Cuáles son los dones y servicios dentro del templo?
¿Cuáles son los dones y servicios fuera del templo?

¿Cuál es el mejor miembro? ¿Por qué?
¿Por qué se necesitan diferentes "partes del cuerpo"?
¿Qué parte eres tú? (sin respuesta)

Necesitamos de todos para ser un cuerpo especial, porque no todos podemos hacer lo mismo, ni todos tenemos los mismos talentos, capacidades o dones de parte de Dios, por eso hicimos los muñecos entre todos, porque así es la iglesia. No será perfecta porque no somos perfectos, pero en Dios podemos llegar a ser uno, con Cristo como la cabeza que nos da dirección.

Muchas veces confundimos los servicios dentro del templo como los únicos necesarios y útiles, pero en realidad son los más pequeños. Jesús pasó tiempo en las sinagogas enseñando y aprendiendo, pero casi todo su ministerio fue en las calles, de un lado al otro predicando del reino de Dios, atendiendo a los enfermos, consolando a quienes perdían a seres queridos, liberando a los oprimidos, dando de comer a los pobres y hasta jugando con los niños.

Necesitamos líderes, pastores y maestros, pero también necesitamos otros miembros del cuerpo que completen las partes que son necesarias para poder vivir en armonía. Si cada uno estuviera en su lugar, cumpliendo la función que le toca según sus talentos, entonces podríamos vivir como dice Pablo en 1 Corintios 1:10, es decir, reinando la armonía, en unidad de espíritu y pensamiento.

Pero para que esto pase, Pablo tiene una lección aún mejor: comenzando con el capítulo 12:31b ("Pero déjenme mostrarles un camino más excelente"), lee 1 Corintios 13:1-3. ¿Por qué no sirven ninguno de todos esos dones importantes —o ningún otro— si no tenemos amor?

Puede que tengamos el súper poder más espectacular del mundo, pero si no amamos al prójimo como Jesús nos amó de nada sirve, porque si no está puesto al servicio de alguien, este súper poder queda anulado.

Amor verdadero (5')

Haz un círculo en las palabras que creas que describen al verdadero amor.

Amor verdadero es...

Paciente	Se alegra en la verdad	A veces miente para no lastimar
Estudia mucho	Es para siempre	No se enoja nunca
Hace milagros	Es presumido	No se piensa, se acepta
No se enoja fácilmente	No es grosero	Es divertido
Solo se siente	Pide perdón	Dice a todo que sí
Es para las mujeres	Guarda rencor	Nunca corrige
Se siente rico	Siempre se viste a la moda	Siempre perdona
Hace regalos caros	Huele bien	Es bondadoso
Está siempre de acuerdo		

Descarga el apartado *Complementario* **desde** *www.e625.com/lecciones* **donde encontrarás la hoja** *Amor verdadero* **con este cuadro.**
Entrega una copia a cada alumno para que completen la actividad.

Luego lee 1 Corintios 13:4-10.

¿Qué palabras de las que destacaste se encuentran en la enseñanza de Pablo?
¿Qué otras faltan en el texto?
¿Puede ese amor perfecto ser real? ¿Qué implica lograrlo?

Cierre (5')

Pablo nos enseña en 1 Corintios que todos y cada uno de nosotros somos especiales e importantes, y que el Señor nos ha dado capacidades, gustos, talentos y dones para usarlos para llevar a otros a Él y para servir y bendecir a las personas que nos rodean, dentro y fuera de la iglesia.

A veces nos olvidamos de esto, y empezamos a ver nuestra tarea con ojos humanos y producimos confusión, división y orgullo; en vez de ser de bendición, lastimamos a quienes debemos amar.

También entendimos que para no hacerlo en vano debemos amar a nuestros hermanos y a quienes todavía no lo son para que lo sean, porque todas las cosas van a pasar, todo cambia, pero el amor verdadero permanece. No es fácil amar como Pablo lo describe, pero sabemos que si así lo hiciéramos, todo sería diferente.

El egoísmo nos lleva a pensar en nosotros mismos; el amor piensa en el otro. Cuando este amor es recíproco entonces la convivencia es perfecta.

Cierra en oración dando gracias a Dios por poder ser parte de su cuerpo, y para que los chicos descubran su llamado, talentos y dones de Dios para así cumplir su propósito dentro del cuerpo, pero que por sobre todas las cosas puedan ser amados y amar con el amor perfecto que solo Dios puede dar por su Espíritu Santo.

Descarga las lecturas diarias *En familia* **desde** *www.e625.com/lecciones*

Lección 35 > 2 CORINTIOS

A esta segunda carta a los corintios Pablo la escribe aproximadamente un año después de la primera carta. Falsos profetas se habían entrometido en la iglesia de Corinto y levantaron a los hermanos en contra del apóstol, por lo cual este fue inmediatamente a visitarlos. Su visita fue un desastre: uno de los hermanos lo insultó y, entristecido por la falta de lealtad, Pablo regresa a Éfeso y desde allí les escribe duramente. Esta es una carta intensamente personal de una batalla contra quienes atacaban su autoridad, pero aun así no deja de enseñarles con el corazón en la mano.

Bienvenida y preguntas de introducción al tema (10')

Antes de comenzar la lección y después de saludar a tus preadolescentes, toma tres minutos para hacer tres preguntas no personales, para que nadie se sienta intimidado (puede ser a toda la clase o puedes elegir a uno que sepas que se siente cómodo respondiendo delante de todos).

1. De los mensajes inspiradores que aparecen en las redes sociales, ¿cuál fue uno de los que más te ha gustado? ¿Por qué?
2. ¿Alguna vez inventaste alguno? ¿Cómo es?
3. ¿Cómo te han ayudado las situaciones que vives a diario a pensar en frases que alienten a otros?

Nota: por las dudas que tu grupo no tenga respuestas, busca en las redes sociales frases de inspiración y puedes cambiar tus preguntas y enfocarlas en esas frases.

Pablo se ha ido de la ciudad de Corinto triste por algunos enfrentamientos; su primera carta había sido algo dura, y en su regreso a Roma decide no volver a parar en Corinto porque todavía estaba algo lastimado y no quería actuar por impulso, por lo que vuelve a escribirles una carta llena de sentimiento y amor, tanto es así que podríamos hacer un sinfín de memes o frases inspiradoras de esta carta.

Los posteos de Pablo (30')

Prepara de antemano la mayor cantidad de materiales de arte como papeles de colores y con estampados, revistas viejas, marcadores, calcomanías de diversos estilos, tijeras, goma de pegar y todo lo que encuentres o puedas conseguir (no te olvides de pedir ayuda a los padres de tus alumnos).

En una mesa coloca los versículos de la lista impresos en tiras de papel. Luego pídeles a tus alumnos que elijan uno y que con los materiales de arte hagan un cartel con la enseñanza que Pablo está dando en el versículo. Luego, pégalos en la pared de tu salón o iglesia y deja que todos los lean y voten cuál es el que más les gusta.

No necesariamente deben copiar el versículo; ellos pueden cambiar las palabras para que rimen o tengan sentido. Pueden elegir una parte o todo el versículo, pero no deben cambiar el sentido. ¡Que se diviertan!

2 Corintios 1:4	2 Corintios 1:20
2 Corintios 1:22	2 Corintios 3:5-6
2 Corintios 3:17-18	2 Corintios 4:5-6
2 Corintios 4:16	2 Corintios 5:5
2 Corintios 5:14-16	2 Corintios 5:17
2 Corintios 5:21	2 Corintios 6:2
2 Corintios 6:6	2 Corintios 6:8-10
2 Corintios 7:10	2 Corintios 9:6-9
2 Corintios 10:17-18	2 Corintios 12:9-10
2 Corintios 13:4	2 Corintios 13:11

Variante: puedes dividirlos en equipos y dividir entre ellos todos los versículos para que puedan hacerlos en sus cuadros. También puedes dejar que los hagan online en alguna aplicación para luego postearlos en alguna red social (te recomendamos que tú puedas hacerlo para destacar el esfuerzo y creatividad).

Luego de que lean y revisen todos los carteles, pídeles que voten:

- Mejor mensaje. ¿Por qué?
- Mejor decorado
- Uno que les gustaría que sus amigos vieran. ¿Por qué?
- Uno que les gustaría que sus padres vieran. ¿Por qué?
- El que motivaría a alguien triste
- El que serviría para alguien que se ha portado altivamente
- El que más me sirve hoy

Pablo escribe a la iglesia de Corinto luego de haber tenido algunos intercambios de opinión difíciles, pero en amor les dice cómo se siente y cómo el conocimiento en el Señor los une y los restaura y les recuerda qué cosas son importantes y cuáles no.

Entre todas estas frases que nos motivan y que son dignas de ponerlas en cuadritos para regalar, hay una enseñanza bien importante que debemos destacar (lee 2 Corintios 2:1-11).

En su última visita no le había ido muy bien con algunos de los miembros de aquella iglesia. Pablo no se quedaba tranquilo porque el amor de Dios se reflejaba en su comportamiento y él sabía que, aunque había que reprender a quienes habían causado problemas, también era importante restaurarlos y volver a amarlos para mostrar el amor de Dios en ellos de manera que pudieran aprender a caminar en la verdad.

- ¿Has tenido algún problema con alguien que creías que era tu amigo/a?
- ¿Cómo lo has resuelto?
- ¿Estás todavía enojado con algún amigo/a?
- ¿Cómo dice Pablo que debemos resolverlo?
- ¿Cómo puede Satanás aprovecharse de una mala situación y de la falta de restauración de las relaciones?

Las motivaciones en nuestros mensajes son importantes y el estar en buenas relaciones aun con quien nos ha lastimado en el pasado es importante también, porque estar en enemistad es dejar que el enojo y el rencor crezcan dentro de nosotros. Reconocer el poder de Dios es alimento para el alma y aliento para quienes nos rodean.

Cierra con una oración dando gracias a Dios por todo su amor y por todo el bien hacia nosotros, para que tus alumnos puedan descubrir nuevas maneras de bendecir a sus amigos con mensajes de amor y aliento en la palabra de Dios y para que también puedan restaurar sus relaciones para no dar lugar al diablo.

Descarga las lecturas diarias *En familia* **desde** *www.e625.com/lecciones*

Lección 36 > ROMANOS

El nombre de esta epístola nace de la naturaleza de sus destinatarios, los creyentes que están en la iglesia en la capital del imperio romano. Pablo es el autor de esta epístola y él era también un ciudadano romano de la ciudad de Tarso, responsable por el esparcimiento del evangelio a lo largo del Imperio. Luego de regresar de Jerusalén a Roma fue falsamente acusado, golpeado y puesto bajo custodia romana. Luego de un corto período de libertad donde aprovechó a viajar, fue una vez más arrestado y murió como mártir en Roma alrededor del 66-67 d.C. Pablo le escribió a la iglesia en Roma desde Corinto, alrededor del 56 d.C.; esta carta es ante todo una carta doctrinal y declara en ella que lo que justifica al humano pecador ante Dios es solo la fe en la obra de Jesús en la cruz, que nos santifica y reconcilia con el Padre eternal. En los capítulos 1 al 11 se presentan las verdades teológicas de la doctrina de la justificación, mientras que en los capítulos 12 al 16 Pablo habla sobre la obra práctica de la misma en la vida de la iglesia.

Bienvenida y preguntas de introducción al tema (10')

Antes de comenzar la lección y después de saludar a tus preadolescentes, toma tres minutos para hacer tres preguntas no personales, para que nadie se sienta intimidado (puede ser a toda la clase o puedes elegir a uno que sepas que se siente cómodo respondiendo delante de todos).

1. ¿Alguna vez te portaste mal y te atraparon? ¿Qué hiciste y cómo se dieron cuenta?
2. ¿Alguna vez justificaste tus acciones diciendo "Porque todos lo hacían"?
3. ¿Alguna vez te castigaron a ti y no a los demás, aunque todos habían hecho alguna travesura? ¿Cómo sucedió?

Todos alguna vez fuimos atrapados en uno de nuestros momentos no muy honorables y sufrimos consecuencias por ello. Muy probablemente alguna vez hayas cargado con la culpa de algo que hizo otro o que hicieron en grupo pero todos los demás se "rajaron" (o quizás más de una vez fuiste tú el que se "rajó"). Todos sabemos que lo más raro es que alguien quiera asumir la responsabilidad si no ha sido su culpa. ¿Quién haría eso? Al fin y al cabo, si alguien hizo algo malo debe pagar su consecuencia… Al menos, eso es lo que siempre nos dicen los adultos, ¿no?

Pablo cuenta una historia que es al revés, y en su carta a la iglesia en Roma les recuerda la historia más escuchada en todo el mundo, plena de sacrificio, castigo inmerecido y amor.

Cuéntame un cuento (15-20')

Pídeles a tus alumnos que se ubiquen formando un círculo uno al lado el otro (en lo posible, que se mezclen de manera que queden una mujer y un varón y se repitan). Entrégale papel y lápiz a cada uno y pídeles que escriban la siguiente lista:

- Un lugar (París, el baño, el parque, la escuela, etc.)
- Un objeto (taza, puerta, espejo, mantel, etc.)
- Una manera de transportarse (carro, avión, tren, patines, etc.)
- Una parte del cuerpo (boca, pierna, tobillo, dedos, etc.)
- Una prenda de vestir (medias, camisa, sombrero, guantes, etc.)
- Una acción (correr, saltar, volar, comer, dormir, etc.)

Una vez que todos tengan su lista, vamos a crear una historia entre todos. El primer alumno comienza diciendo un principio de la historia: "Érase una vez…", "Cuenta la leyenda…", "Era un día gris", etc., utilizando la primera palabra que escribió (el lugar). Por ejemplo: el jugador 1 leerá "Érase una vez un muchacho llamado Juan que estaba en *París* y…", entonces deja la frase en suspenso. El segundo jugador debe seguir la historia utilizando la segunda palabra: "…y tomó una *taza* de café que estaba enfriándose en la cocina", y el tercero sigue la secuencia utilizando la tercera palabra y así hasta que todos los jugadores hayan usado sus palabras o que la historia no pueda continuar (probablemente nunca tenga sentido).

- ¿Cuál es tu historia favorita y por qué?
- ¿Siempre tienen sentido las historias? ¿Por qué?
- ¿Y las historias reales? ¿Siempre tienen sentido?

Muchas historias de la vida real se han plasmado en libros porque son poco comunes y maravillosas. Algunas son muy tristes, como las historias de cautiverios y desastres naturales, de guerras y esclavos o prisioneros, y otras son de logros magníficos, pero siempre todo se mantiene entre las líneas de las posibilidades humanas.

La historia más maravillosa jamás contada (20')

Recorta cuatro círculos o cuadrados grandes de cartulina de los siguientes colores: negro, rojo, amarillo y rosado (o puede ser en papel blanco con las letras de colores). Luego, según corresponda, escribe en ellos los títulos y los versículos que se mencionan a continuación. Lee tú o un ayudante los versículos como si estuvieras contando una historia a niños pequeños, con muchos gestos, voces y emoción.

Pablo les recuerda a los romanos la más grande historia de la humanidad que consta de cuatro capítulos:

Capítulo 1: muerte merecida
Color Negro: Romanos 1:18-23, 29-32; 3:9-20; 2:16
Humanidad pecadora: el pecado nos separa de Dios. Solo Jesucristo puede reconciliarnos con el Padre.

Capítulo 2: para el amor nada es imposible
Color rojo: Romanos 3:21-26; 5:1-2, 6-9
Justificación por la fe: el pecado nos hace esclavos y trae condenación a la humanidad, pero por la fe en Jesucristo tenemos libertad.

Capítulo 3: un nuevo apellido
Color amarillo: Romanos 5:18-19; 6:1-14
Santificación: por medio de la sangre de Jesucristo somos glorificados y apartados para Dios como nación santa.

Capítulo 4: de regreso a casa
Color rosado: Romanos 5:10-11; 8:1, 4-17, 29-35, 38-39
Reconciliación: el sacrificio de Jesús en la cruz rompe el velo que nos prohibía la entrada a la presencia de Dios y restaura así nuestra relación con el Padre.

Nota: Si tienes la posibilidad, arma un librito de colores con los versículos escritos en cada página para que puedan seguirte en la lectura y llevarlo a su casa.

Luego de cada lectura puedes decir con tus propias palabras lo que significa cada versículo, pero prácticamente los versículos hablan por sí mismos. Si al escribirlos en las hojas ves la necesidad de "palabras conectoras" no tengas miedo de agregarlas, solo asegúrate de mantener el mensaje.

Cierre (10')

Esta historia fue escrita hace casi dos mil años pero nos involucra a todos nosotros hoy. Cuando Jesús escribía su libreto con sangre, estaba pensando en ti y en mí, veía nuestras caras y sabía nuestros nombres, y por eso no se bajó de la cruz; sabía que su sacrificio valía la vida de sus amigos y la de toda la humanidad por el resto de la existencia humana.

Nadie puede negarse al amor incondicional de Dios, pero tampoco podemos permanecer igual al conocerlo. Nadie puede rechazar que Jesús quiera tomar su lugar en la cruz, pero tampoco podemos despreciarlo dándole la espalda luego de dejar que muera en nuestro lugar.

Dios deseaba tanto volver a hablarnos, volver a compartir su sabiduría, a escuchar nuestra oración, que no dudó en enviar al único que podía rescatarnos. Aun así, dando su más precioso tesoro por nosotros, dejó que nosotros decidamos si aceptamos su regalo o si lo dejamos pasar. ¿Cuál es tu respuesta? ¿Vas a dejar vacío tu rol en esta historia?

Cierra con una oración de arrepentimiento, entrega y agradecimiento por el sacrificio de Jesucristo en la cruz. Agradece por esta historia maravillosa que cambia nuestra vida y la de la humanidad completa. Bendice a tus alumnos y pídele al Espíritu Santo que trabaje en su interior.

Descarga las lecturas diarias *En familia* **desde** *www.e625.com/lecciones*

Lección 37 > EFESIOS

Efesios pertenece al grupo de cartas que Pablo escribió desde su cautiverio en Roma, junto con las cartas a los filipenses, a los colosenses y a Filemón. Son conocidas como "las epístolas de la prisión" o "del cautiverio". La carta a la iglesia de Éfeso fue escrita entre los años 60-62 d.C., y junto a la de los colosenses recalca que la iglesia es el cuerpo de Cristo, de la cual Jesús mismo es la cabeza. El apóstol afirma la identidad del creyente en Cristo y cómo deben comportarse en esta nueva posición.

Bienvenida y preguntas de introducción al tema (10')

Antes de comenzar la lección y después de saludar a tus preadolescentes, toma tres minutos para hacer tres preguntas no personales, para que nadie se sienta intimidado (puede ser a toda la clase o puedes elegir a uno que sepas que se siente cómodo respondiendo delante de todos).

1. ¿Qué deseos son apropiados para una tarjeta de cumpleaños?
2. ¿Por qué damos buenos deseos a los demás? ¿En qué ocasiones?
3. ¿A quién extendemos buenos deseos generalmente? ¿Por qué no lo hacemos con extraños?

Pablo, en su carta a los hermanos de la iglesia en Éfeso, les escribe recordándoles enseñanzas esenciales y nuevos consejos. Pareciera que está muy contento con sus amigos de esta ciudad, les escribe muchos buenos deseos y luego les anima a que actúen en unidad y se fortalezcan en la verdad de Dios.

Los mejores deseos (15')

Prepara con anticipación algunos rectángulos que simulen ser tarjetas, una para cada alumno. Lleva contigo algunos marcadores de colores y, si puedes, calcomanías o revistas viejas de donde puedan sacar imágenes (si es así, no olvides tijeras y goma de pegar). Recuerda pedir ayuda a los padres o quizás a los abuelos de la iglesia, que seguramente estarán dispuestos a colaborar con los elementos.

Imprime los versículos de Efesios 1:16-20 y Efesios 3:16-19 para que los alumnos lean. Entrégales los materiales y pídeles que escojan un mensaje de buenos deseos y realicen una tarjeta con él.

Probablemente Pablo quería destacar el buen trabajo que estaban haciendo, y como buen líder quería que se motivaran para ser aún mejores. En el comienzo de la carta a los efesios, Pablo les recuerda lo mismo que les enseñó a los romanos, porque es la base del mensaje del reino de Dios (saca el libro de colores que hicieron para la clase anterior):

1. Que merecíamos la muerte por nuestros pecados y egoísmo
2. Que Jesús murió para limpiarnos y así justificar nuestra maldad
3. Que por medio de su sangre nos santificó para ser aceptados nuevamente por Dios
4. Su obra en la cruz restituyó nuestra relación con Dios, quien promete nunca más separarnos de su amor

Pero acto seguido, y luego de elogiar con buenos deseos a sus amigos, les recuerda por qué han sido de tan buen ejemplo.

La unión hace la fuerza (15')

Necesitarás dos baldes grandes con agua, dos baldes vacíos y al menos cinco vasos de plástico. Pídeles a tus alumnos que se dividan en varones y nenas.

Coloca el balde de agua en un extremo del salón (este juego hará que se moje el piso, por lo que te recomendamos que lo hagas sobre el pasto u otra superficie que no importe si se moja y que tampoco patine; no queremos accidentes) y en el otro extremo coloca los baldes vacíos. A la señal, los dos equipos deben pasar toda el agua del balde lleno al balde vacío (la consigna es que no pueden tener más que un vaso de agua a la vez), pero la diferencia estará en que los varones deberán correr uno a uno de un extremo al otro con solo un vaso de agua a la vez, mientras que las chicas se alinearán de un extremo al otro y se pasarán vaso por vaso uno detrás del otro (deberán recordarque no podrán tener en sus manos más de un vaso a la vez), los cuales deberán ir y venir en la misma línea.

Si todo sale bien, la idea es que las chicas lograrán transportar el agua más rápido, o los varones se darán cuenta de que entre todos pueden cargar el balde entero mientras los demás jugadores sostienen en sus manos los vasos para no romper la regla. Si no se dan cuenta de este truco, luego de un poco de emoción por la competencia, puedes susurrar la solución en el oído de algún jugador.

Nota: hay muchos otros juegos que requieren trabajo en equipo, la idea es resaltar la importancia de ser uno, de trabajar en unidad.

- ¿Qué beneficios trae el trabajar en equipo?
- ¿Qué beneficios obtenemos al trabajar solos?
- ¿Qué diferencia hay entre trabajar como una unidad —sabiendo el lugar que debemos ocupar y cuál es nuestra función— y trabajar solos —tratando de hacer todo nosotros mismos—?
- ¿Existen dentro de la iglesia estas dos formas diferentes de trabajar?
- ¿Cómo nos hacen sentir?
- ¿Cómo crees que se siente Dios al respecto? ¿Por qué?

Leer Efesios 2:11-16, 21-22; 4:2-6, 12-16.

¿Cuál es el plan de Dios para nosotros como iglesia?
Pablo habla de judíos y no judíos. ¿Qué nos distingue hoy en día en la iglesia?
¿Cómo es que somos todos iguales ante Dios?
¿Podemos decirle a alguien que no lo necesitamos? ¿Por qué?

Leer Efesios 5:1-2.

Reparto de los deseos (5')

Ahora que sabemos que debemos amarnos como Cristo lo hizo, toma la tarjeta que has realizado y agrega en ella un deseo personal para alguien del grupo al que nunca antes hubieras pensado en decirle (sé sincero, deja los chistes de lado). Busca ahora a ese alguien y entrégale la tarjeta.
Nota: Ten listas unas cuantas tarjetas para darle a aquellos alumnos que no reciban una nota de sus pares. También puedes tener algún colaborador en la puerta que les pida a los padres y familiares de los alumnos que les escriban una nota de aliento a tus alumnos; esto requerirá más trabajo, pero es posible. No te olvides de pedir ayuda a la gente mayor como los abuelos, ellos desean poder ser parte del crecimiento y educación de la iglesia.

Pablo sabe que no es fácil comportase como un cuerpo porque somos diferentes, y por eso no los deja así con la carga, sino que les da la clave para lograrlo (Ef 6:10-18).

La armadura de Dios

Aunque esto es algo que seguramente han hecho en la clase de más pequeños, podemos ponerle una buena variante al típico soldado con la armadura de Dios. Debes dibujar en grande (no necesita ser perfecto) un soldado. Luego separadamente dibuja las partes de la armadura para después vestir al soldado. Necesitarás un casco, un escudo, una pechera y una espada.

- En el escudo escribe *fe*
- En la pechera escribe **verdad y justicia**
- En el casco escribe **salvación**
- En la espada escribe **palabra de Dios**

Pide a dos varones y dos mujeres que pasen al frente y coloca a tu soldado en la pared. Entrégale a cada uno un elemento de la armadura, cubre sus ojos y uno a la vez intentarán vestir al soldado guiados por las instrucciones de sus compañeros (las chicas deben guiar a las chicas y los varones a los varones). Puedes votar por quién hizo mejor trabajo vistiendo al soldado.

Cierre (5')

Ser parte del cuerpo de Cristo es un privilegio. Él es nuestro ejemplo y modelo a seguir y las personas que nos rodean son también sus hijos, sin distinción ni preferencias. Trabajar en equipo motivándonos a ser mejores, destacando las fortalezas y animando a quienes se sientan más débiles, logrará que seamos un cuerpo sano, fuerte y listo para ganar la batalla. Vístete de la armadura de Dios para lograr la victoria.

Descarga las lecturas diarias *En familia* **desde** *www.e625.com/lecciones*

Lección 38 > FILIPENSES

Filipense deriva del nombre de la ciudad griega llamada Filipos, llamada así por Felipe II de Macedonia, quien fuera el padre de Alejandro Magno. La ciudad estaba estratégicamente ubicada como puerta a Europa —fue el primer lugar en Macedonia donde Pablo fundó una iglesia— y llegó a ser la cuna de la cristiandad en Europa. Se cree que fue escrita alrededor del año 61 d.C. desde el encarcelamiento de Pablo en Roma. La carta a la iglesia en Filipos es la más personal y afectiva de Pablo.

Bienvenida y preguntas de introducción al tema (10')

Antes de comenzar la lección y después de saludar a tus preadolescentes, toma tres minutos para hacer tres preguntas no personales, para que nadie se sienta intimidado (puede ser a toda la clase o puedes elegir a uno que sepas que se siente cómodo respondiendo delante de todos).

1. ¿Has dicho una mentira o has hecho algo especialmente para impresionar a alguien? ¿Qué?
2. ¿Cuánto tiempo pueden mantenerse las apariencias? ¿Por qué?
3. ¿A quién engañamos cuando hacemos cosas por apariencias?

La carta de Pablo a los filipenses comienza saludándolos con mucho cariño, pero pronto menciona que hay algunas personas que están predicando por envidia y rivalidad. Parece que desde la época de Pablo hay gente que tiene un corazón retorcido e intenta hacer cosas de aparente bondad pero solo por envidia de otros y por rivalidad. Las películas no parecen ser muy originales: ¡la Biblia lo tiene todo! (lee Filipenses 1:15-17).

El perfecto engaño (15-20')

Divide al grupo en chicas y varones. Pídele a dos líderes (un hombre y una mujer que tengan algo de actores) que te ayuden con esta dinámica. También puedes utilizar a dos jóvenes que sean espontáneos y chistosos. Los dos actores, lápiz y papel en mano, les pedirán a los alumnos que les digan las cualidades perfectas que una chica y un chico deben tener y las anotarán: los chicos le dirán al "actor" las cualidades de una chica ideal y las chicas le dirán a la "actriz" cómo sería el chico perfecto (no te preocupes si se hace un gran murmullo). Ejemplo: ser amable, ser elegante, que le gusten los deportes, que sepa cocinar, etc. Más o menos que anoten cinco o seis características.

Entonces, con ese papel en mano, ¡que comience la actuación! Pídeles que entablen una conversación haciendo de cuenta que ambos se gustan, que están en una primera cita y que desean impresionar al otro, asegurándose de demostrar todas las cualidades que les dictaron. Tienen cinco minutos para hacerlo y para cumplir con todas las cualidades. Una vez que terminen, pregúntales a las chicas qué cualidades creen ellas que pidieron los varones en base a la actuación, y luego hazles la misma pregunta a los varones.

Todos queremos impresionar a alguien alguna vez, pero solo lo que nace del corazón es lo verdadero y duradero.

¿En qué otro caso puede darse esta situación?
- Al buscar trabajo
- Al conocer a los padres de un prometido
- Con los pastores
- Con los líderes
- Con los directores o maestros de la escuela
- Con algunos amigos
- En los deportes

Un vistazo al contenido

Pablo les dice muy claro cómo lidiar con éste tipo de actitud de apariencias.

(Leer Filipenses 2:3-4)
¿Cómo debemos hacer las cosas?
¿Podemos buscar nuestro beneficio?

(Leer Filipenses 2:5-8)
¿Cómo es Cristo el ejemplo perfecto?

(Leer Filipenses 2:9-11)
¿Cuál fue su recompensa?
¿Qué pasa con aquellos que tienen tareas poco vistosas, de gran esfuerzo, que pocos ven?

(Leer Filipenses 2:13-17)
¿Cómo es el ejemplo de Pablo?
¿Por qué crees que dice que esas personas brillarán como estrellas?
Por último, Pablo le da una clave "mágica" que soluciona todo.

(Leer Filipenses 4:4-8)
¿Qué es una virtud?
¿Practicarlas es aparentar?

Definitivamente debemos esforzarnos para parecernos cada vez más a Jesús, pero esto no viene de aparentar o de hacerlo por nuestras propias fuerzas, sino de una comunión íntima con el Padre, que con su Espíritu Santo nos da el deseo de cumplir su voluntad; pero para lograrlo, debemos darle el lugar y el tiempo para que sus virtudes se desarrollen en nosotros.

Cuando pasamos mucho tiempo con una persona algunas cosas de ella se nos pegan y a ella se les pegan cosas nuestras también; así pasará con Dios. Al pasar tiempo con Él, tratando de conocerlo más, es cuando se nos pegan sus características. Como dice Filipenses 1:6, *"El que comenzó tan buena obra en ustedes la irá perfeccionando hasta el día en que Jesucristo regrese"*.

Descarga las lecturas diarias *En familia* **desde** *www.e625.com/lecciones*

Lección 39 > COLOSENSES

Pablo escribe esta carta dirigida a la iglesia que se reúne en Colosas (actual Turquía), con la sugerencia de que sea compartida con sus vecinos en Laodicea. La iglesia crecía y el peligro de doctrinas falsas eran una amenaza inminente: rituales sobre la comida, tradiciones humanas y falsas filosofías. El cuidado de Pablo por los suyos hace que el objetivo central de la carta sea evidente a través de su lectura: Jesucristo es Dios y su sacrificio en la cruz reenfoca nuestra vida hacia la plenitud en Él.

Bienvenida y preguntas de introducción al tema (10')

Antes de comenzar la lección y después de saludar a tus preadolescentes, toma tres minutos para hacer tres preguntas no personales, para que nadie se sienta intimidado (puede ser a toda la clase o puedes elegir a uno que sepas que se siente cómodo respondiendo delante de todos).

1. Si tuvieras que definir en una corta frase quién es Cristo, ¿qué dirías?
2. Pensando en cosas concretas de la vida diaria, ¿en qué cambia la vida con Cristo o sin Cristo?
3. ¿Cómo crees que es conveniente vivir: con Cristo o sin Cristo? ¿Por qué?

Colosenses es una carta bastante breve pero con mucho contenido. Podríamos dividirla en dos grandes secciones: la primera, que nos cuenta quién es Cristo, y la segunda, que nos dice quiénes somos nosotros —personal y comunitariamente— cuando resucitamos con Él a una vida nueva vida.

El libro va y viene entre cosas que parecen muy espirituales y teológicas y su consecuencia práctica en la vida, pero una cosa es clara: con Cristo las cosas son distintas. Es en Cristo que nuestra naturaleza es cambiada y, como consecuencia, nuestra conducta y toda nuestra manera de vivir es transformada.

Ideas principales (30')

Divide a tu grupo en cuatro grupos (o dos según la cantidad de alumnos que tengas). Puedes hacerlo de la siguiente manera: pega en cada esquina del salón un cartel con los números 1, 2, 3 y 4 (si solo tienes dos grupos o si tu grupo no es muy numeroso, no necesitas hacer este paso). Prepara con anticipación cuadraditos de papel de cuatro colores y escribe en cada papelito —sin importar el color— los números del 1 al 4. Luego ponlos boca abajo para que no se vea el número, pero separados por color; quizás los pre crean que se dividirán por colores, pero cuando den vuelta el papel se encontrarán con un número y ese será su equipo. Tienes que tener en cuenta que debes poner la misma cantidad de números y de colores según la cantidad de alumnos que tengas.

Si quieres, puedes agregar un paso más a esta dinámica y preparar cuatro papeles especiales, uno en cada color, que digan "líder" y estos cuatro alumnos serán los que guíen a su equipo en la actividad.

Colosenses tiene cuatro capítulos (por eso los cuatro equipos). Imprime los cuatro capítulos por separado, uno para cada equipo para que puedan escribirla y marcarla (quizás necesites varias copias de cada capítulo, esto dependerá de la cantidad de participantes). Lo ideal sería que tengan una cada dos, así trabajan compartiendo. También sería bueno que les entregues cuatro marcadores para subrayar las diferentes palabras o sus familias.

Busca cuántas veces en el capítulo se mencionan estas palabras (o sus familias):
- Conocimiento y sabiduría (conocer, saber, etc.)
- Pleno (plenitud, completo)
- Cuerpo (individual o comunitario)
- Cristo (Jesucristo, Dios, Señor, etc.)

¿Qué ideas importantes hay en relación a las mismas?
Completa el cuadro con las proclamaciones de Pablo a los colosenses sobre Cristo.

Descarga el apartado *Complementario* **desde** *www.e625.com/lecciones* **donde encontrarás las hojas de** *Colosenses en capítulos*.
la hoja completa es para guía del maestro y la hoja a completar es para que los pre trabajen con el capítulo correspondiente impreso.

Vistazo del libro (10')

Por alguna razón, Pablo parece hasta repetitivo con algunos conceptos. Evidentemente no quiere que queden dudas. Veamos juntos algo de lo que declara.

Sabiduría

No ha existido otra época en toda la historia de la humanidad en la cual el hombre haya tenido el nivel de acceso a la información que tenemos hoy: buscamos online y con un simple tutorial podemos conocer desde cómo hornear una torta de chocolate hasta cómo ensamblar una bomba nuclear. Sin embargo, la realidad cotidiana nos muestra claramente que esta no es la era más sabia que hemos transitado.

Conocemos más sobre medicina pero la mortalidad aumenta; producimos alimentos con mayor eficiencia pero sigue habiendo gente sin comida en su mesa. Podemos estar las veinticuatro horas conectados online, pero lograr una conexión auténtica con otros parece una misión imposible.

(leer Colosenses 1:9-12)

Identidad

En el cuadrito armado anteriormente pudimos ver claramente algunas afirmaciones sobre la identidad de Cristo y sobre nuestra propia identidad fundada en Él. En este momento de tu vida hay muchas preguntas que comienzan a aparecer en tu mente y en tu corazón. ¿Quién soy en realidad? ¿Cómo quiero ser? ¿Qué quiero hacer?

Nuestra sociedad asocia en forma constante la plenitud con lo material: pareciera que mientras más tienes, más plena es tu vida. Sin embargo, la plenitud que Dios nos promete es aún mayor, porque define quiénes somos cuando morimos a la vida sin Él y nos atrevemos a seguirle, y nos permite construir una identidad basada en el propósito cuando nos planeó, una identidad mucho más valiosa, más útil y deseable (Sal 139:13-16).

Cuerpo

Estar en Cristo te cambia la vida, pero no solo a ti sino también cambia la vida como comunidad de fe. La evolución de la sociedad nos ha llevado a ver la vida en forma cada vez más individualista, pero no existe en el ser humano la posibilidad de vida sin otros. Somos vulnerables, nos necesitamos, no podemos (ni queremos) estar solos.

La iglesia ES el cuerpo de Cristo, es la forma en la que Él se manifiesta, nos habla y nos cuida; es esa comunidad sin la cual no podemos vivir en plenitud. Más allá de las situaciones difíciles que puedas enfrentar en tu escuela, casa o barrio, es importante que encuentres tu lugar en este cuerpo, en el cual hay un lugar para ti y tus dones, que nadie puede reemplazar (Ef 4:15-16).

Cierre

Te invito a leer (y por qué no a cantar) la canción de Hillsong "Mi todo", agradeciendo a Dios por la plenitud de vida que nos trajo al conocerlo.

Nota: No te limites a esta canción; quizás conozcas alguna otra que sea más actual o más común en tu iglesia. Si el mensaje es el correcto, entonces será la canción correcta.

Mi todo (Hillsong en español)

Cristo es mi pasión, Él es mi recompensa;
no hay nadie como Él, nada satisface más.
Pruebas vendrán, mas cantaré:
¡no vuelvo atrás, soy libre en Él!
Jesús mi todo es, Jesús mi todo es;
eres más que suficiente, todo para mí.
Cristo es mi porción, el gozo de mi alma,
mi esperanza está en Él, el cielo es nuestro hogar.
Vientos vendrán, mas cantaré;
conmigo estás, ¡a ti sea la gloria!
Jesús mi todo es, Jesús mi todo es;
eres más que suficiente, todo para mí.
/ He decidido seguir a Cristo:
no vuelvo atrás, no vuelvo atrás /
/ Mis ojos puestos en Jesucristo:
no vuelvo atrás, no vuelvo atrás /
/ Jesús mi todo es, Jesús mi todo es;
eres más que suficiente, todo para mí /

Anímate a buscar las cosas de arriba. Cristo es suficiente.

Descarga las lecturas diarias *En familia* **desde** *www.e625.com/lecciones*

Lección 40 > FILEMÓN

Filemón es el destinatario de esta carta (era uno de los miembros más importantes de la iglesia en Colosas), que también está dirigida a su familia y a la iglesia que se reunía en su casa. Filemón había conocido al Señor por medio de Pablo; el tenía algunos esclavos y uno de ellos, llamado Onésimo, huyó de él. De alguna manera, llegó a conocer a Pablo, y con él al mensaje de salvación, por lo que Pablo lo envía de regreso a su amo pero con esta carta de recomendación para que no solo sea aceptado —y no ejecutado— por Filemón sino que lo reconozca como un hermano en Cristo. En esta carta se representa la fuerza del amor de Dios en nosotros; que al recibir su perdón y misericordia podamos darla a los demás con compasión.

Principales doctrinas:

Perdón: Cristo ofrece el perfecto ejemplo del perdón (Fil 1:16-17; Mt 6:12-15; 18:21-35; Ef 4:32 y Col 3:13).

Igualdad: el cristianismo acabó con los males de la esclavitud al cambiar el corazón de los amos y esclavos, destacando igualdad espiritual de unos y otros (Fil 1:16; Mt 20:1-16; Mr 10:31; Gál 3:28, Ef 6:9; Col 4:1; 1 Ti 6:1-2).

Bienvenida y preguntas de introducción al tema (10')

Antes de comenzar la lección y después de saludar a tus preadolescentes, toma tres minutos para hacer tres preguntas no personales, para que nadie se sienta intimidado (puede ser a toda la clase o puedes elegir a uno que sepas que se siente cómodo respondiendo delante de todos).

1. ¿Qué cosas son las más difíciles de perdonar?
2. ¿Qué fue lo más difícil que te tocó perdonar? ¿De qué manera mostraste que lo habías perdonado? (acciones, palabras, etc.)
3. ¿Cuál fue la vez más difícil que tuviste que pedir perdón? ¿Por qué fue tan difícil? ¿Cuáles fueron las consecuencias?

A todos nos cuesta perdonar y volver a amar; también es muy difícil pedir perdón de corazón aceptando las consecuencias de lo que hemos hecho mal, pero pedir perdón y perdonar es el ejemplo que nos dejó el propio Jesús al sacrificarse por lo que nosotros habíamos hecho mal. Nos cuesta obedecer, pero cuando eso sucede pasan cosas buenas. Amar a Dios significa obedecer sus mandamientos (Jn 5:3), y uno de sus mandamientos es amar a nuestro prójimo como a nosotros mismos (Mt 22:39).

Muchas veces hay que perdonar sin que nos pidan perdón, amar sin fingir, amar de verdad aunque cueste (Ro 12:9-10); todo esto se resume en que podemos elegir amar y podemos elegir perdonar, solo hacen falta nuestras acciones de corazón.

¡Tabú! (20')

Este juego requiere que dividas al grupo en dos o más equipos. Puedes hacerlo de la siguiente manera: primero pídeles que se dividan los varones y nenas, y luego —dependiendo de lo numeroso de tu grupo— puedes dejarlo así o puedes subdividirlo en dos equipos más, separándolos en dos nuevamente. Puede ser por grado, por edad, o numerándolos, dependerá de cómo sea tu grupo.

A) Opción en papel: necesitarás cuatro carteles, cada uno con una palabra *tabú* (la que tienen que adivinar los participantes) y sus *palabras prohibidas* (que suelen ser sinónimos o antónimos). Un voluntario de cada equipo pasa al frente (los cuatro al mismo tiempo), y sin que estos lo vean, se muestra al resto la primera palabra. Cada grupo, al mismo tiempo, deberá darle pistas a su jugador para que adivine la palabra antes que los demás. La regla es no mencionar palabras de la familia, ni sinónimos ni antónimos (puedes usar las cuatro palabras que te damos a continuación o agregar más según el tiempo que tengas). Necesitarás además alguien que te ayude a controlar que no hagan trampa. El jugador que escriba primero la palabra correcta, gana el punto.

Los carteles son:

1. Amor
   Palabras prohibidas:
- Afecto
- Cariño
- Apego
- Odio

2. Perdón
   Palabras prohibidas:
- Amor
- Liberación
- Cruz
- Disculpa
- Pedir
- Retractarse

3. Obediencia
   Palabras prohibidas:
- Desobedecer
- Disciplina
- Acato
- Autoridad
- Sujeción

4. Igualdad
   Palabras prohibidas:
- Desigualdad
- Igual
- Inclusión
- Equivalencia
- Equidad

B) Opción tecnológica: al comenzar la clase, el maestro debe asegurarse de tener el número del teléfono celular de todos. Pueden crear un grupo para que puedan comunicarse todos los participantes (debes asegurarte de que quienes pasan no tengan su celular). En esta opción enviarás la palabra por mensaje a todos o a uno de cada grupo, y luego el juego se desarrollará como fue explicado anteriormente. Quizás sirva como excusa para formar un grupo de comunicación y así poder tenerlos cerca, escribirles en la semana o mandarles versículos, preguntarles cómo están y cómo están viviendo su semana.

Vistazo del libro (20')

Esconde debajo de las sillas de los adolescentes papelitos que tengan las citas bíblicas que vamos a leer. El libro de Filemón es corto y sencillo (tiene un solo capítulo), así que puede estar dividido en cuatro partes:

- Saludo (Filemón 1:1-3)
- La virtud de uno que perdona (Filemón 1:4-7)
- Las acciones de uno que perdona (Filemón 1:8-18)
- Los motivos de uno que perdona (Filemón 1:19-25)

Pablo estaba en la cárcel por causa de Cristo y por algún motivo bueno conoce a Onésimo, quien se convirtió al cristianismo. Onésimo era un esclavo —propiedad de Filemón— que había robado y huido de su dueño (las leyes romanas decían que todo esclavo que huía debía ser enviado nuevamente a casa de su amo, quien podría castigarlo severamente e incluso ejecutarlo). Aunque Onésimo era de mucha utilidad a Pablo, este decide correctamente enviarlo de regreso a Filemón, pero no con las manos vacías: escribe esta carta que trata en su totalidad sobre el perdón verdadero.

Versículos 1-7: ¿cómo es la mejor manera de empezar cuando quieres pedirle algo a alguien (especialmente a papá y mamá)? ¡Sí! Reconociendo las cosas buenas de las personas, valorando su esfuerzo y trabajo y destacando sus cualidades para ir preparando el ambiente.

Versículos 8-10: ¿Por qué dice que podría ordenárselo, pero prefiere pedírselo por amor? Quizás estamos acostumbrados a que nos pidan las cosas con órdenes (porque probablemente sea la única manera de que las hagamos), pero pedir por amor es un riesgo que se corre, porque la otra persona podría llegar a decir que no. Onésimo se había convertido en un hijo espiritual de Pablo, y en una de sus charlas debe haberle dicho a Pablo quién era su amo y lo que había ocurrido (aunque la carta no lo especifica), por lo que ambos deciden actuar con responsabilidad y amor. Esta sería una buena lección tanto para el amo como para el esclavo.

Hablando de esclavos: en la época de la iglesia primitiva, ser esclavo o tener siervos no era algo fuera de lo común, pero el cristianismo no solo llegó para liberar el alma de los creyentes sino para liberar también de las cadenas físicas. ¿Alguna vez experimentaste el desprecio? ¿Has visto a alguien despreciar a otra persona? ¿Has visto a alguien ser esclavo de otra persona? Hay muchas maneras de ser esclavo: por deudas, favores, trabajo o posición social, o por ser amigos de alguien popular, pero Jesús vino a enseñarnos ser libres para elegir vivir para Cristo.

Versículos 11-19: ¿Cómo pide Pablo que reciba ahora a Onésimo? Obviamente algo había pasado entre Onésimo y Filemón, lo cual había llevado a este último a escapar, pero ahora había entendido su parte: debía volver a su amo y pedir que lo perdone. Y Pablo pide más de Filemón: que lo perdone y que lo reciba como a un hermano, incluso como a él mismo lo recibiría. Pablo pide mucho, pero porque entiende quién es Onésimo ahora y cuán cambiado estaba, tanto que hasta ofrece pagar cualquier deuda que el siervo tenga con el amo (aunque ahí mismo Pablo le recuerda cuánto Filemón le debe a él… buena estrategia).

Versículos 20-22: ¿Cuál es la expectativa de Pablo? Pablo no solo le pide todo lo que vimos anteriormente, sino que lo sella con un *"seguro que harás lo que te pido y mucho más"*. ¿Qué será ese "mucho más"?

Cierre (10')

Prepara una copia de las siguientes preguntas para cada alumno, o puedes pedirles que cierren sus ojos y hacer estas preguntas para que reflexionen sin responder en voz alta.

Perdonar versus pedir perdón

1. ¿Qué es más difícil: perdonar o pedir perdón? ¿Por qué?
2. ¿Puedo volver a recordar lo que la otra persona me hizo una vez que lo perdono? ¿Por qué?
3. ¿Cómo se muestra perdón verdadero?
4. ¿Se puede perdonar sin que te pidan perdón? ¿A quién y por qué?
5. ¿Hay algo por lo que deberías haber perdido perdón pero nunca lo hiciste? ¿Qué y a quién?

Luego, pídeles que abran los ojos y concluye:

Aunque era normal que existieran los esclavos, el mensaje de salvación fue para todos, y cuando un esclavo se convertía era también un hermano en Cristo (igual a los ojos de Jesús que los amos). El perdón que Pablo está enseñando no tiene que ver con las reglas, con las deudas o con el arrepentimiento, tiene que ver con ser como fue Jesús, quien fue misericordioso con nosotros (sea que lo mereciéramos o no, sea mucha la deuda que tuviéramos o no). Éramos menos que esclavos, pero Jesús nos envió al Padre con una carta escrita con sangre, que pagaba por nuestros pecados, que nos redimía de cualquier deuda que teníamos con nuestro amo.

No sabemos qué pasó con Filemón; probablemente ni siquiera llegó a ver a Pablo nunca más, pero si hizo lo que Pablo le rogó, seguramente ganó un amigo fiel de por vida.

Perdonar y pedir perdón son dos caras diferentes de la misma moneda. Perdonar es difícil porque si perdonamos tenemos que hacerlo como lo hizo Jesús, por amor, con misericordia y para restauración. Si "olvidamos" pero estamos recordando todo el tiempo lo que nos hicieron y se lo recordamos a aquella persona, entonces no fue perdón.

El Padre rompió de una vez y para siempre con la maldición del pecado, y cada vez que nos mira no ve lo que éramos, sino que ve la sangre de Jesús. De la misma manera tenemos que aprender a perdonar. Por otra parte, pedir perdón es difícil porque significa estar arrepentidos, cambiar de actitud y ponernos en las manos de quien debe darnos el perdón. Si esta persona conoce al Señor, seguro sabrá perdonarnos como Él, pero si no lo hace, tenemos que estar dispuestos a enmendar nuestros errores y sufrir las consecuencias.

Perdonar las ofensas no solo restablece la relación y rompe las cadenas de quien pide perdón, sino que también nos libera a nosotros para amar sin enojo y sin amargura. Nos hace libres.

Cierra con una oración pidiendo perdón al Señor por nuestras ofensas a Él, haciendo la oración de fe y entrega para darle la oportunidad a quien no la haya hecho. Pide también al Espíritu Santo que les haga recordar si deben pedir perdón a alguien que hayan ofendido, o si necesitan perdonar a alguien para ser libres. Despídelos en el nombre del Señor.

Descarga las lecturas diarias *En familia* **desde** *www.e625.com/lecciones*

Lección 41 > 1 TIMOTEO Y TITO

En su tiempo como apóstol, Pablo fue un gran hacedor de discípulos (a quienes también capacitaba en sus ministerios) y algunos lo acompañaron en sus viajes misioneros y en su tiempo de cárcel. De las catorce cartas de Pablo en la Biblia, solo cuatro son para personas (sus hijos en la fe), conocidas como *"las epístolas pastorales"*. En este caso nos enfocaremos en la primera carta de Pablo a Timoteo y en la carta a Tito; a ambas las escribe después de haber salido de la detención domiciliaria en Roma, antes de ser nuevamente encarcelado y ejecutado. Pablo había dejado a Timoteo a cargo de la iglesia en Éfeso y a Tito a cargo de la iglesia en Creta, y les escribe para fortalecer su ministerio y animarlos, ya que ambos eran muy jóvenes; no les habla tanto de doctrina cristiana (porque sus discípulos la sabían muy bien), sino que los anima a continuar la obra y aconseja para que las cosas salgan bien.

Bienvenida y preguntas de introducción al tema (10')

Antes de comenzar la lección y después de saludar a tus preadolescentes, toma tres minutos para hacer tres preguntas no personales, para que nadie se sienta intimidado (puede ser a toda la clase o puedes elegir a uno que sepas que se siente cómodo respondiendo delante de todos).

1. ¿Qué edad necesitamos tener para comenzar a trabajar? ¿Por qué?
2. ¿Cuáles son algunas de las funciones de los líderes y pastores de la iglesia?
3. ¿Qué edad tenemos que tener para poder ser líderes en la iglesia?

El apóstol Pablo es quien está escribiendo una primera carta a Timoteo y una carta a Tito. Ambos eran jóvenes que estaban a cargo de una iglesia cada uno: Timoteo en la ciudad de Éfeso (1 Ti 4:12) y Tito de la iglesia de Creta (Tit 1:4-5). Que sean jóvenes no fue para Pablo ningún impedimento para que los miembros de sus iglesias los respetaran. ¡Al contrario! Él le dice a Timoteo que sea ejemplo en todo, en su manera de hablar, en la conducta, en el amor, en la fe y en la pureza.

Qué bueno es cuando uno puede tener una relación con el Señor Jesús desde muy pequeño, y poder permitir que Él nos ayude a marcar la diferencia con nuestros actos y hacer que nuestros pensamientos, lo que decimos y lo que hacemos sea coherente.

¿Te gustaría ser líder en tu iglesia local? ¿Cómo debemos hacer para ser jóvenes como Timoteo y Tito y que se nos confíe la tarea de liderar una iglesia?

Juego: El teléfono descompuesto (20')

Divide al grupo en dos o más equipos de la siguiente manera: escoges a dos o más capitanes y prepara tantas tarjetas como equipos necesites hacer, donde cada tarjeta será de diferente color de un lado pero de igual color del otro (también pueden usarse cartas de azar). Designas un color a cada capitán, y luego cada jugador —sin ver los colores de los equipos— debe escoger una tarjeta, y según el color que les toca arman los equipos. Mézclalas para cada jugador. Una vez que un equipo llega a su máximo de capacidad, debes quitar la tarjeta del color de ese equipo. Cuando todos los equipos están definidos, ponlos en hileras para jugar al teléfono descompuesto (trata de acomodarlos intercalando los géneros).

El capitán del equipo tendrá un papel con los mensajes a pasar que tú hayas escogido. A tu orden comenzará y pasará el mensaje en voz baja al oído del primer compañero, este al siguiente y así hasta llegar al último que tendrá un papel y lápiz, y deberá escribir el mensaje recibido. El equipo que lo pasa más rápido y más exactamente como dice el texto, es el ganador (escoge tres mensajes a pasar por equipo).

Estos son algunos de los mensajes, que fueron parafraseados para que sean más cortos (puedes usar algunos o todos, dependerá del tiempo que tengas).

- *"…que el amor sea de corazón limpio, buena conciencia y fe sincera"* (1 Ti 1:5)
- *"…hagan oraciones, súplicas y acciones de gracias por todos"* (1 Ti 2:1; Tito 3:1)
- *"…levanta las manos al cielo con pureza de corazón, sin enojos ni contiendas"* (1 Ti 2:11; Tito 3:2)
- *"…sé intachable, moderado, sensato, respetable, hospitalario, capaz de enseñar"* (1 Ti 3:2; Tito 1:8)
- *"…no borracho ni peleador, ni amigo del dinero, sino amable y apacible"* (1 Ti 3:3; Tito 1:7)
- *"…la piedad es útil para todo, ya que incluye una promesa para la eternidad"* (1 Ti 4:8; Tito 2:12)
- *"…que vean en ti un ejemplo a seguir, cómo hablar, la conducta, y en amor, fe y pureza"* (1 Ti 4:12; Tito 2:7)
- *"…dedícate a la lectura pública de las Escrituras, y a enseñar y animar a los hermanos"* (1 Ti 4:13; Tito 2:1)
- *"Ten cuidado de tu conducta y de tu enseñanza"* (1 Ti 4:16)
- *"Esmérate en seguir la justicia, la piedad, la fe, el amor, la constancia y la humildad"* (1 Ti 6:11; Tito 3:14)
- *"Ayuda en todo lo que puedas a los demás"* (Tito 3:13)
- *"Atiendan a lo que es realmente necesario y no lleven una vida inútil"* (Tito 3:14; 1 Ti 6:12)

Mensaje en las cartas de Pablo (10-15')

La mayoría de las veces, en el apuro por oír y repetir, las frases se deforman. Muchas veces por apurados repetimos cualquier cosa, y eso hace daño a las personas y ensucia nuestra relación con los hermanos y con Dios. Algunas personas estaban dando un mensaje equivocado, y Pablo envía a sus discípulos para ayudar a estas iglesias a corregir los roles de cada miembro sin ser engañados.

Puedes pedirle a algún alumno que lea los siguientes versículos (puedes ponerlos en una imagen y que todos los lean o puedes decirlos de memoria tú mismo):

(Leer Tito 3:13)
Esta es la naturaleza del hombre sin Dios. Aun Pablo reconocía esto; él había sido un estudioso de la Torá desde su nacimiento y era muy celoso de su cumplimiento, pero cuando conoce el mensaje de salvación se da cuenta de su comportamiento pasado:

(Leer 1 Timoteo 1:9)
La ley es necesaria para quienes viven sin conocer el amor de Dios. ¿Quién va a la cárcel? Los que desobedecen la ley. Los que no conocen a Cristo solo pueden regirse por la ley y por lo que ella exige, pero la ley de Dios era sumamente rígida y nadie podía cumplirla, por lo que todos merecíamos la muerte. Hasta que vino Jesús.

(Leer Tito 3:3-8)
Jesús, al morir injustamente porque no tenía pecado, paga por todos nosotros; Él cumple toda la ley, y así nos hace justos a nosotros. Entonces por gracia —por regalo inmerecido— ganamos la vida eterna. Ahora Pablo dice, al conocer esta bondad de Dios, que no nos queda más que hacer buenas obras porque es lo que aprendimos de Dios. Actuar por gracia con los demás, y esto es de provecho para todos.

Pablo está dando algunas pistas a Timoteo y a Tito de cómo ayudar a la iglesia a ser de testimonio y no solo creer sino vivir como hijos de Dios. No importa que sean jóvenes, importa que amen al Señor y que sirvan con pasión y amor, que puedan ser líderes para una iglesia que sirva y ame al Señor y propague su mensaje de salvación.

Cierre (10')

En una pizarra o en cartulinas grandes escribe solo la primera y última letra de la palabra, y luego los espacios con tantos guiones como letras que faltan. Ejemplo:

(Sensatez)   S_ _ _ _ _ _ _ Z

Los jugadores —individualmente o en equipos— tratarán de adivinar las letras escondidas. Tienen cinco oportunidades; si fallan cinco veces, es turno de otro jugador o del equipo contrario.

Ejemplos de palabras para utilizar:

Ejemplo	Amigo	Justo	Sacrificio
Disciplinado	Integridad	Intachable	Gracia

Termina con una oración de llamado de Dios para tus alumnos. Pídele que vaya preparándolos y poniendo en su mente y corazón la vocación y el servicio en el que podrán desarrollar sus dones.

Descarga las lecturas diarias *En familia* **desde** *www.e625.com/lecciones*

Lección 42 > 2 TIMOTEO

El nombre *Timoteo* significa "el que honra a Dios". Tener un nombre es muy importante, no solo para que las personas nos llamen con un nombre específico sino también porque los nombres muchas veces se relacionan con Dios, y en este caso vamos a ver cómo el apóstol Pablo le recuerda a Timoteo llevar bien puesto su nombre y cómo debe honrar a Dios.

Pablo escribió esta carta estando nuevamente en prisión en Roma y poco antes de ser condenado a muerte alrededor del año 67 d.C. por Nerón. El apóstol alentaba a Timoteo a visitarlo en Roma antes de ser ejecutado y a permanecer fiel en sus deberes, retener la sana doctrina, aceptar la persecución por el evangelio y confiar y predicar las Escrituras. En esta lección veremos qué consejos le da un "prisionero de Cristo" a su discípulo amado.

Bienvenida y preguntas de introducción al tema (10')

Antes de comenzar la lección y después de saludar a tus preadolescentes, toma tres minutos para hacer tres preguntas no personales, para que nadie se sienta intimidado (puede ser a toda la clase o puedes elegir a uno que sepas que se siente cómodo respondiendo delante de todos).

En nuestra clase de Hechos hablamos un poco del llamado de Dios a Pablo a llevar el mensaje "hasta lo último de la tierra". Obviamente, Pablo no llegó a todos los rincones de la tierra; de hecho, se cree que murió unos pocos años después de comenzar su ministerio en una prisión en Roma. Timoteo estuvo con Pablo y lo acompañó en sus viajes y fue su mensajero en varias oportunidades, y finalmente quedó a cargo de una congregación en la ciudad de Éfeso.

1. ¿Qué significa ser un misionero?
2. ¿Qué beneficios tiene y qué sacrificios implica ser un misionero?
3. ¿Cuál es el motivo por el cual alguien decide ir de misionero a algún lugar?

¿Cuántas veces hemos escuchado testimonios de personas que dejaron sus familiares, sus amigos, su tierra y su lengua y se fueron a otros lugares a compartir el mensaje de salvación? ¡Qué ejemplos de amor y obediencia a Dios!

Pablo fue un gran misionero: él entendió la necesidad de las personas de conocer las buenas noticias del mensaje de salvación del Señor, pero antes de conocer a Dios, Pablo hacía todo lo contrario. ¿Quién sabe qué hacía Pablo antes de ser creyente?

Pablo perseguía a los cristianos, los buscaba y hasta los mataba porque pensaba que los cristianos estaban ofendiendo a Dios, y él quería agradar a Dios con todo su corazón y sus acciones. Pablo lo declara en la primera carta a Timoteo, en el capítulo 1:13: *"Antes, yo me burlaba de su nombre, perseguía a sus seguidores y era un insolente. Pero Dios tuvo misericordia de mí, porque, como era incrédulo, no sabía lo que hacía"*. Pero cuando Dios se revela a Pablo es cuando el entonces Saulo comienza a creer en Dios (Hch 9). Con ese mismo deseo de agradarlo, lo sirve ahora predicando a Jesús como el Mesías que nos rescata de la muerte. Saulo —que ahora es Pablo— se convierte en el misionero más importante de la historia, desparramando el Evangelio por Europa y Mesopotamia.

Jesús dijo en Mateo 28:19-20: *"Por lo tanto, vayan y hagan discípulos en todas las naciones. Bautícenlos en el nombre del Padre, del Hijo y del Espíritu Santo, y enséñenles a obedecer los mandamientos que les he dado. De una cosa podrán estar seguros: Estaré con ustedes siempre, hasta el fin del mundo"*. Eso es exactamente lo que el apóstol Pablo hizo.

Algunas personas reciben el llamado para irse a otros lugares lejanos y otras no, pero la misión que Jesús les dejó a sus discípulos antes de ascender al cielo es para todos los que se transforman en sus discípulos. Como Pablo y como nosotros, todos debemos hablar de Él y su obra en la cruz. ¿Estamos haciéndolo? ¿Le hablamos a nuestros seres queridos, amigos, conocidos o desconocidos del mensaje de salvación por medio de Jesús?

Tres consejos para Timoteo

Descarga el apartado *Complementario* **desde** *www.e625.com/lecciones* **donde encontrarás la hoja de** *Tres consejos de Pablo a Timoteo* **y entrégasela a tus alumnos.**

Una vez que tengan las hojas, deberán unir en parejas los versículos que hablen del mismo tema. El que termina primero gana, pero no solo es terminar sino poder explicar por qué los unieron de la manera elegida.

Reflexión:

Existe un dicho popular que dice que "la experiencia es la mejor escuela". Por ello, y a raíz de todo lo que le pasó al apóstol Pablo, este le asegura a Timoteo que sufrirá persecución por seguir a Cristo (leer 2 Ti 1:8 y 2:11-13). Jesús mismo le dijo a sus discípulos que en el mundo tendrían aflicción (Jn 16:33) porque conocía bien lo que era sufrir, y sabía aun mejor cuál era su última y máxima prueba de persistir.

Cuanto estés atravesando alguna situación difícil recuerda lo que le pasó a Pablo, recuerda el consejo del Señor; Él ya sabe que la vida tiene momentos lindos y buenos, pero también otros que no. De seguro alguna vez te tocó vivir alguna situación que te dolió, algún hecho que pareció injusto —y ni hablar de la partida de algún ser querido—, pero recuerda que Jesús fue el primero en decirnos que estas cosas iban a pasarnos. Eso no significa que nosotros debemos darle la espalda a Él, sino que debemos confiar, creerle y esperar a que actúe. De hecho, el versículo completo de Juan dice: *"Yo les he dicho estas cosas para que en mí encuentren paz. En este mundo van a sufrir, pero anímense, yo he vencido al mundo"*. Por eso, conocer la Palabra de Dios es tan importante porque en ella encontramos la voluntad de Dios para nuestra vida y podemos conocer el corazón de Dios y las promesas que nos dan paz. Esto es por lo que el siguiente tema es importante en esta carta (leer 2 Ti 1:13-14 y 3:14-17).

La palabra del Señor es preciosa y el Espíritu Santo nos la trae a la mente cuando la necesitamos, ya sea para ayudar a otro, comunicar el mensaje de salvación o encontrar consuelo y aliento. ¿Para qué más son importantes las Escrituras? 2 Timoteo 1:13 (NVI) comienza: *"Sigue el ejemplo de la sana doctrina"*. ¿Por qué será "sana"? Quizás es porque es para nuestro bien, y eso nos lleva al tercer consejo (2 Ti 1:8-2:13).

¿Cómo es la vida a la que nos llamó el Señor? ¿Cómo podemos lograrla? Pablo dice que por gracia alcanzamos la santidad, pero nuestra manera de comportarnos refleja quiénes somos. A través del poder del Espíritu Santo podemos permanecer firmes en la palabra del Señor para estar capacitados para todas las obras buenas. ¿Cómo mantenernos así? ¿Qué son las pasiones de la juventud? ¿Cómo podemos huir?

Cierre (10')

El Señor nos ha librado del mal y murió como sacrificio por nuestra libertad, y por eso lo amamos y seguimos, pero no es todo, sino que en su Palabra encontramos la respuesta, el ánimo y la fe para mantenernos firmes en su verdad. Debemos reflejar en nuestro comportamiento quiénes somos ahora en Él, sin avergonzarnos sino siendo misioneros de Jesús a quienes no lo conocen, aquí, en nuestra escuela, en nuestro barrio o donde sea que nos lleve el Señor.

Toma unos minutos para orar por tus alumnos. También puedes pedirles que escriban una carta al Señor respondiendo a estos tres pedidos de Pablo confesando sus temores, sus debilidades y su compromiso a seguirlo.

Descarga las lecturas diarias *En familia* **desde** *www.e625.com/lecciones*

Lección 43 > 1 PEDRO

La primera carta de Pedro comienza identificándose con su autor. Aunque algunos dudan de ello por el sofisticado lenguaje para un pescador, esta carta es sin duda su primer escrito inspirado. También se cree que Silvano fue quien le ayudó con la gramática, aunque Pedro fue capacitado para convertirse en el principal predicador del evangelio desde el día de Pentecostés con el derramamiento del Espíritu Santo (Hch 2-12).

En los tiempos de su escritura, Roma estaba en decadencia y los cristianos fueron perseguidos arduamente. Este contexto nos permite apreciar de una mejor forma los mensajes de ánimo y de resistencia que envía a la iglesia: Pedro es la segunda persona sobre la cual se brindan más detalles en los evangelios, era el vocero de los apóstoles y aquel que negó a Jesucristo la noche anterior a la crucifixión, para luego encontrarse con la gracia del perdón y la restauración del Jesucristo resucitado.

Bienvenida y preguntas de introducción al tema (10')

Antes de comenzar la lección y después de saludar a tus preadolescentes, toma tres minutos para hacer tres preguntas no personales, para que nadie se sienta intimidado (puede ser a toda la clase o puedes elegir a uno que sepas que se siente cómodo respondiendo delante de todos).

1. ¿Cuál ha sido el día más difícil que has tenido? ¿O cómo sería uno con mucha dificultad?
2. Si pudieras darte un mensaje de ánimo para ese momento qué te dirías?
3. ¿Cómo te sentirías después de recibir ese mensaje de ánimo?

En la época que se desarrolló esta carta, Nerón había prendido fuego Roma y la ciudad estaba devastada, no solo por la destrucción sino por la falta de identidad. Sus grandes templos, sus monumentos, sus ídolos y sus casas habían sido quemados, y con ellos su moralidad y esperanza. Para que la gente no esté enojada y se subleve contra el emperador, Nerón redireccionó el enojo y frustración de la gente hacia los cristianos, culpándolos por el incendio, con lo que comenzó una gran cacería de creyentes. Los cristianos o "peregrinos", como los llamó Pedro, necesitaban aliento y esperanza en un futuro glorioso en Cristo. La primera carta de Pedro trata sobre Jesucristo como la esperanza que nos fue dada para vencer las pruebas y el sufrimiento. En medio de la persecución, Pedro tuvo valor para hablarnos de la santidad, la naturaleza perfecta de Jesucristo y el amor entre hermanos.

Toma de esta agua (15')

Materiales necesarios:
- 1 botella con agua sucia (entre más sucia se vea, mejor)
- 1 botella con agua limpia que esté sellada
- 1 gotero
- Un purificador de agua (si puedes)
- Una camisa vieja
- Unos marcadores permanentes rojos
- Un bote con colorante para telas (anilina) rojo

Desarrollo:
1. Muéstrales las dos botellas de agua y preséntalas como una botella de agua que tomaste de la cloaca y una botella de agua limpia.
2. Pide a un voluntario que tome la botella sellada, la abra y beba un sorbo.
3. Pasa solo un poco del agua sucia a la botella que tiene agua limpia (para esto es el gotero). Tápala y revuelve bien.
4. Pídele que vuelva a tomar de esa agua (si se atreve, ¡no lo dejes!)

Preguntas:
- ¿Beberían de alguna de las dos botellas? ¿Por qué no?
- ¿Por qué no beberían de la botella que solo tiene unas gotitas del agua de cloaca?
- Si nosotros fuéramos botellas de agua, ¿qué cosas nos contaminarían y nos harían no potables?

Toma la camisa vieja y escribe con un marcador rojo cosas que nos ensucian. También puedes preparar varios marcadores rojos y pídeles que ellos la escriban con cosas que representan el pecado: mentira, engaño, insultos, rencor, envidia, robo, lastimarse a uno mismo, maldecir, traicionar, abandonar, abusar de los demás y todas las cosas que pueden llegar a haber mencionado. Cuando todos hayan escrito algo, mete la camisa en la anilina o colorante rojo (bien concentrado) y déjala remojando un momento, mientras dices:

El pecado, que comenzó en el Edén por la desobediencia de Adán como el primer hombre, nos separó de Dios porque Él es santo y no puede tener pecado. No importa qué tan bien nos portemos o cuántas cosas hayamos pasado, no hay manera de tener comunión con Dios si no estamos limpios como el agua que puede tomarse. De la misma manera en la que rechazamos las dos botellas, aunque una solo tenga un poco de suciedad y la otra esté totalmente sucia, Dios rechaza al pecado; su naturaleza no le permite convivir con él y lo hace a un lado. Por eso la obra de Cristo en la cruz fue necesaria y nos limpió de una vez para siempre para que podamos volver a tener una relación con Dios por medio de la sangre de Jesucristo que cubrió todo el pecado. Su sangre hizo que ya no pudiera verse nuestro mal y que solo se viera la obra de redención de Jesús.

(Lee 1 Pedro 1:18-20)

¿Cuál fue el precio? ¿De qué fuimos rescatados? ¿A quién escogió Cristo?

Solo Jesucristo fue capaz de vivir nuestra vida sin mancharse de pecado y así poder pagar el justo por el injusto, para destruir el plan de Satanás y librarnos a todos de la muerte en vida y la muerte eterna.

Saca la camisa (la idea es que esté toda roja ahora y ya no se lea más lo escrito; si es necesario, prepara otra camisa que vaya a quedar bien roja) y diles:

Así como esta camisa quedó impregnada de la tinta roja y ya no se ven las cosas malas que nos manchaban, así se borró todo delante de Dios. Él solo ve la sangre del justo, de Cristo, que nos hace limpios delante de Dios.

A través del libro (20')

Reparte los siguientes textos bíblicos. Pueden estar impresos o separados de antemano para que sea rápida la lectura. Pide a un alumno (o puedes ir rotando) que te ayude a escribir en un pizarrón o lámina las palabras clave a medida que vayan leyendo (si quieres, puedes imprimir las referencias y tenerlas a mano).

Leer uno detrás del otro:

Versículos	Palabra clave
1 Pedro 1:3-5	Vida nueva, resurrección, esperanza viva, herencia, sin manchas
1 Pedro 1:21-23	Por Cristo, fe y esperanza, purificados, nacidos de nuevo
1 Pedro 1:13-14	Actuar con inteligencia, esperanza en Jesús
1 Pedro 2:1-3	Dejar el mal, salvación, probado lo bueno

¿Cómo somos purificados?
¿Cómo se refleja esa purificación en nosotros?
¿De qué debemos alejarnos? ¿Por qué?
Si probamos de lo bueno en la salvación, ¿será que hay mucho más? ¿En qué?

1 Pedro 2:9-10	Familia, escogidos, sacerdotes, santos, Dios compró, de tinieblas a luz, compasión

¿Quiénes éramos antes para Dios? ¿Quiénes somos ahora?
¿Qué significa pasar de tinieblas a luz?
¿Volverías a la oscuridad cuando vives en la luz?

1 Pedro 2:15-17	El bien, libertad, siervos de Dios, respeto, amor, honra

¿Qué significa que ahora somos libres? ¿Cómo debemos usar esa libertad? ¿Qué quiere Dios de nosotros?

1 Pedro 2:12	Ejemplo, cosas buenas, alaben a Dios
1 Pedro 3:8-12	Armonía, compartir, bendecir, hacer el bien, el Señor cuida a los justos

¿Qué recomendaciones hace Pedro? ¿Por qué dice Pedro que debemos comportarnos así?

Cristo no tiene que limpiarnos todo el tiempo, es decir, Él no necesita morir todos los días por las cosas que nosotros hacemos mal; su muerte fue una vez y para siempre (1 Pedro 3:18). Él purifica nuestra agua y nos hace absolutamente potables, llenos de minerales especiales para nuestra salud, pero justamente por el enorme amor que Jesús mostró en la cruz es que aceptamos esa purificación, y no para seguir ensuciándonos sino para poder disfrutar de ahora en más de la libertad de no estar atados a nada que nos tira abajo, nos humilla, nos entristece, nos hace sentir fracasados y sucios, sino para poder vivir una vida llena de alegría, aventura, de comunión con Dios y con los hermanos de una manera trasparente, con buenas intenciones, de amistad y bendición.

¿Significa que será todo fácil y perfecto?

1 Pedro 3:14-17	Sufrir, justo, sin miedo, honra, listos, buena conducta
1 Pedro 4:1-3	Cristo sufrió, pasiones humanas, voluntad de Dios

¿De qué tipos de sufrimiento podemos hablar hoy en día?
¿Cómo podríamos llegar a sufrir por actuar de manera justa?
¿Cómo podríamos sufrir por esas cosas en casa?
¿Y en la escuela?

1 Pedro 4:12-16	Prueba de la fe, alégrense en el sufrimiento
1 Pedro 1:6-7	Misericordia, nacer de nuevo, resurrección, esperanza viva

¿Nos promete el Señor que nunca sufriremos? ¿Por qué?
¿Tenemos que sufrir sí o sí? ¿Por qué?

Cierre (5')

Pedro sabía bien que los cristianos estaban pasando por un momento bien difícil, siendo perseguidos y ejecutados por su fe en Cristo Jesús; también él sufría esto. Incluso en esa situación, él sabe que no hay nada mejor que vivir conforme a quienes están ahora en Cristo; no agua sucia que no sirve para nada sino agua potable, llena de vida, sin manchas que los descalifica sino con un propósito y esperanza eterna en Jesús. Por eso, les enseña que dejen su manera anterior de vivir y que ahora adopten todas las buenas costumbres para vivir en amor conforme a Dios.

(Toma las botellas nuevamente) ¿Cómo está el agua de tu interior? ¿Necesita ser purificada por el Señor? *(luego toma la camisa roja)*

El precio de la cruz fue muy alto, el precio de vivir conforme al amor de Dios es muy bajo y agradable. Puede ser que suframos rechazo y burlas de aquellos que piensan que nuestra manera de vivir es una locura, pero buscar el bien de los demás, ser pacientes, amables y bondadosos es la mejor manera de disfrutar la vida terrenal; como dice 1 Pedro 3:17, es mejor sufrir por hacer el bien que por hacer el mal. Pero debemos dejar de volver a las cosas que nos contaminan para poder estar enfocados en lo que es verdadero y para siempre. ¿De qué necesitas alejarte que está contaminando tu mente, tu cuerpo y tu espíritu?

Cierra en oración pidiendo al Señor que limpie el corazón de aquellos que todavía no se lo han pedido; pide por el perdón de los pecados, por la concientización de aquellas cosas que nos contaminan y que necesitamos sacar de nuestra vida. Da gracias al Señor por la posibilidad de vivir desde temprana edad una vida llena de la vida de Jesús, una vida que es ejemplo y esperanza para nosotros y para los demás en un mundo que solo busca su propio bien.

Descarga las lecturas diarias *En familia* desde *www.e625.com/lecciones*

Lección 44 > 2 PEDRO

La segunda carta de Pedro envía un mensaje claro sobre falsas doctrinas que están amenazando el verdadero mensaje del evangelio y la forma en la que debemos de esperar pacientemente la venida de nuestro Señor Jesucristo. Es probable que Pedro haya escrito esta carta desde la prisión en Roma —donde luego fue martirizado y crucificado de cabeza—, antes de que Nerón decidiera suicidarse, aproximadamente en el año 67-68 d.C.

Bienvenida y preguntas de introducción al tema (20')

Antes de comenzar la lección y después de saludar a tus preadolescentes, toma tres minutos para hacer tres preguntas no personales, para que nadie se sienta intimidado (puede ser a toda la clase o puedes elegir a uno que sepas que se siente cómodo respondiendo delante de todos).

1. ¿Qué cosas siempre puedes elegir, y respetan tu elección?
2. ¿En qué cosas todavía no te piden opinión ni te dejan elegir?
3. ¿Qué fue lo que mejor que hayas elegido comprar? ¿Qué cosas tomaste en cuenta al escogerlo?

Cuando éramos más niños no nos dejaban elegir mucho y por lo general decidían nuestros padres o los adultos "lo que era mejor para nosotros", y nos conformábamos. Al ser más grandes, algunas veces tuvimos la posibilidad de elegir y con la posibilidad de elegir viene la responsabilidad de elegir bien.

La segunda carta de Pedro se trata de dejarles bien en claro a los hermanos que Dios nos eligió a nosotros. Muchos piensan que entregarle la vida a Dios y seguirlo es una decisión de ellos y que Dios los convenció, pero en realidad el amor y la misericordia de Dios nos escogieron a nosotros y nos dieron la posibilidad de responder positivamente.

Algunas personas en aquella época estaban enseñando cosas que no eran correctas y que hasta iban en contra de las verdades que Jesús les había enseñado a los apóstoles, por lo que Pablo les recuerda lo importante de conocer bien dichas enseñanzas y mantenerse firmes en ellas.

Elegidos (10')

Busca en YouTube el video *"Llévame contigo - Adopta perros de la calle"* (si no encuentras este video, puedes buscar cualquier otro corto de cinco minutos que se trate de elegir algo sobre otra cosa parecida). Pásalo en una pantalla para que todos puedan verle (procura conseguir buen audio y video).

En el estudio anterior en la primera carta de Pedro ya nos había quedado claro que Dios tiene un propósito específico para nosotros, que por eso nos ha escogido con amor y misericordia (1 P 2:9-10), y ahora lo afirma nuevamente (2 P 1:10). Dios pudo haber elegido hacer algo diferente, a alguien diferente, en un tiempo diferente, pero eligió que hoy tú y yo podamos estar sentados aquí escuchando de su amor. Claro que la decisión de seguirle y de obedecerle es tuya, pero no porque tú elegiste a Dios sino porque Él te eligió, ¡y eso es increíble! Ninguno de nosotros está a la altura de Dios y no es lo que hacemos nosotros lo que produce el que Dios nos elija, sino su amor, y es tan pero tan perfecto que deja que nosotros respondamos a su amor.

La niña del video escogió uno de los perritos, el que respondió con ánimo y aceptación. A veces somos como el *poodle* (caniche), reaccionamos a la elección de Dios con rechazo, pero eso no va a detenerlo de esperar por nosotros y volver a buscarnos. Aceptarlo con ánimo es el primer paso, y cuando lo hacemos, todo a nuestro alrededor cambia.

En el estudio de la primera carta de Pedro aprendimos acerca del gran sacrificio de Cristo en la cruz y la herencia de la salvación por Él, y también hablamos de no volver a nuestra conducta anterior sino portarnos como lo que somos ahora: hijos de Dios. En 2 Pedro se reafirma esta verdad.

Lee y responde

Lee 2 Pedro 1:3-8. Reparte los seis versículos impresos en papelitos o ya marcados en la Biblia para que los alumnos participen en la lectura.

Versículo 3: ¿Qué es una vida piadosa?
¿Qué se nos concedió para poder vivirla?
¿Por qué queremos vivir una vida así?

Respuestas guía para el maestro:

- Una vida piadosa es sin duda la vida de la que Pedro hablaba en la primera carta: en armonía, con amor, haciendo el bien, soportando las injusticias.

- Para poder vivirla se nos ha concedido el Espíritu Santo al conocer a Cristo y aceptar su señorío.
- Porque es la forma suprema de vida, es para lo que fuimos creados. ¿Quién no quiere vivir en armonía y libertad para hacer el bien y recibir el bien?

Versículo 4:   ¿Qué promesas nos ha dado Dios?
¿Cuál es su naturaleza divina?
¿Hay manera de vivirla?

Respuestas guía para el maestro:

- Primeramente, de perdón y redención, de libertad, de ser sus hijos, de ser nuestro Padre, de darnos el Espíritu Santo como poder para ser sus testigos, de una vida eterna, etc.
- Su naturaleza es amor perfecto (y todo lo que eso incluye)
- Sí, a través de su Espíritu Santo, siendo conscientes quiénes somos ahora en Jesús, manteniendo una estrecha comunión con el Padre.

Versículos 5-7:   ¿Cómo dice Pedro que debemos esforzarnos?
¿Tiene una razón ese ciclo?

Respuestas guía para el maestro:

- -Esforzarse para añadir a la fe, buena conducta; a la buena conducta, entendimiento; al entendimiento, el dominio propio; al dominio propio, paciencia; a la paciencia, devoción a Dios; a la devoción a Dios, el afecto fraternal; y al afecto fraternal, el amor.
- -Cuando a la fe le sumamos la buena conducta —no solo el dejar de hacer cosas que nos contaminan sino hacer buenas obras como lo hizo Jesús— entonces entenderemos las enseñanzas de Jesús y creceremos en su conocimiento y entendimiento de su poder. Cuando esto pase, será fácil tener dominio propio porque comprenderemos lo que realmente es importante y valioso, y la tentación no será la misma. El dominio propio produce paciencia y esta aumenta en la medida en que nuestra relación con el Padre es más estrecha; al amar a Dios y pasar tiempo con Él, al servir al hermano con buenas obras, definitivamente desarrollaremos un afecto por nuestros hermanos y ese afecto crecerá en amor, que es Dios en esencia.

Versículos 8-9:   ¿Cuál es el resultado o el fin de ese ciclo?
¿Qué significa "ser fructífero"?
¿Cómo podemos ser útiles?
¿Cuál es el resultado de quien no trabaje estas virtudes?

Respuestas guía para el maestro:

- El resultado es crecer y conocer aún más al Señor, lo que disparará nuevamente el ciclo porque al conocerlo más tendremos más fe y esta producirá nuevas buenas obras, y todo el ciclo se repetiría nuevamente con más fuerzas.
- ¿Quién no desea tener el mejor carácter del mundo, ser la persona más amable, simpática, agradable, comprensiva, generosa, y un largo etcétera? Imposible que alguien escoja lo contrario.
- La segunda carta de Pedro también trata de estar alerta a las enseñanzas que son falsas y que se disfrazan de buenas, pero en realidad lo único que traen es destrucción (2 P 2:1-3, 18-19).

En busca de la verdad (20')

Pide a tres alumnos que pasen al frente y explícales (sin que los demás oigan) que deben pensar algo extraordinario que hayan hecho, pero solo uno de ellos dirá la verdad y los otros dos inventarán lo que dirán (nota: si quieres, puedes prepararlo con anticipación con los líderes. ¡La verdad debe ser increíble y las mentiras deben ser creíbles!)

El juego consiste en encontrar cuál de las tres es la mentira. Los jóvenes pueden hacer tres preguntas a cada participante y luego votar cuál es verdad y cuál es mentira. Cuando conocemos realmente a quien habla, es muy fácil identificar cuando alguien quiere contarnos alguna mentira sobre ella. Mientras Pedro vivía, existieron personas que quisieron mentir para obtener provecho de la fe, y Pedro animó a la iglesia a conocer bien la Escritura con el propósito de que no se pierdan. La carta de 2 Pedro es un llamado fuerte contra esas mentiras.

¿Qué mentiras escuchamos a diario?

Que Dios no existe porque hay sufrimiento.
Que hay que escuchar al corazón (impulsos) y no pensar tanto las consecuencias.
Que hay que vivir el momento.
Que de nada sirve ser bueno con los demás sino solo buscar nuestro propio bien.
Que es mejor recibir que dar.
Que solo los ricos deben dar a los demás.
Que las injusticias que sufrimos son culpa de los demás.
Que de poco vale el esfuerzo.

(Nota: Piensa en la situación de tu país y de tu grupo para destacar las mentiras que más escuchan tus chicos)

La mayoría de los "profetas falsos" de nuestros tiempos no son personas específicas sino mensajes que se transmiten: a veces los escuchamos en casa, entre nuestros amigos y posiblemente en la iglesia también, y por eso Pedro hizo toda una carta (y antes costaba mucho escribirla y hacerla llegar) solo para prevenirlos de las cosas que les enseñaban, que nada tenían que ver con todo lo que vimos recién (2 P 3:17-18). Si los principios de las cosas que escuchas, ves o lees no se reflejan en estas enseñanzas de Pedro, debes descartarlas antes de que hagan morada en tu mente y tu corazón.

Cierre (5')

Tres cosas debemos recordar todos los días:
1. Somos escogidos por Dios por amor y gracia, no por merecerlo.
2. Debemos trabajar en nuestras virtudes para ser fuertes en Él.
3. Debemos ser inteligentes con respecto a los mensajes que recibimos a diario.

Si todos los días recordamos quiénes somos, para qué y qué cosas nos levantan y cuáles quieren destruirnos, entonces seremos vencedores cada día de nuestra vida.

Cierra en oración dando gracias a Dios por darnos identidad en Él, por darnos libertad y la posibilidad de responderle por amor y agradecimiento por su sacrificio. Luego, pide la bendición del Señor para que cada día tus alumnos puedan recordar quiénes son en Cristo, cuál es la misión para ellos y pide también una protección especial de los ataques del maligno.

(Nota: Si tienes tiempo puedes armar una manualidad con estos tres principios, o unas láminas que puedas pegar en el salón donde se reúnen)

Descarga las lecturas diarias *En familia* **desde** *www.e625.com/lecciones*

Lección 45 > JUDAS

Judas, uno de los cuatro medio hermanos de Jesús, escribe esta carta antes de la destrucción de Jerusalén en el 70 d.C. La segunda carta de Pedro advierte sobre la llegada de los falsos profetas, pero Judas ya está lidiando con esto. Solo veinticinco versículos le alcanzaron para expresar el mensaje que quería dar: rogar a los cristianos que sigan luchando enérgicamente por la fe encomendada. Su autor escribe este libro con un tema en mente: la salvación. Cortito y directo, advierte a los seguidores de Cristo sobre los peligros ocultos y ofrece algunos "tips" para no errarle al blanco.

Bienvenida y preguntas de introducción al tema (20')

Antes de comenzar la lección y después de saludar a tus preadolescentes, toma tres minutos para hacer tres preguntas no personales, para que nadie se sienta intimidado (puede ser a toda la clase o puedes elegir a uno que sepas que se siente cómodo respondiendo delante de todos).

1. ¿Cuál es la diferencia entre *libertad* y *libertinaje*?
2. ¿Cómo puede el mal uso de la libertad afectar a la gente? ¿Y a la iglesia?
3. ¿Qué significa *compasión*? ¿Qué momento recuerdas en el que hayas sentido compasión?

En la segunda carta de Pedro vimos cómo el autor les advertía que falsos profetas intentarían engañarlos con falsas enseñanzas. Pedro les advirtió, pero ahora Judas les enseña cómo lidiar con estos falsos maestros que, infiltrados entre ellos, retorcían las verdades del Evangelio para confundir a los cristianos nuevos en la fe.

Mi diccionario (15')

Prepara unos cartoncitos con palabras que encuentres en el diccionario que no sean de uso común (o puedes usar las que preparamos de ejemplo). Reparte una hoja a cada participante para que inventen una definición de la palabra, tratando de usar el vocabulario del diccionario para que parezca real. Di la palabra en voz alta y todos los estudiantes escribirán su definición, y al finalizar deberán entregártelas y las leerás mezcladas con la definición verdadera.

Entre todos deberán decidir cuál es la verdadera (si tienes muchos alumnos, puedes dividirlo en grupos y deberán ponerse de acuerdo para formular la definición; si no tienes mucho tiempo, utiliza los ejemplos que te damos y déjalos que voten).

EJEMPLOS: Las definiciones en negritas son las correctas

Jipiar	• Manera de vida libre de preocupaciones y en comunidad asociada al movimiento hippie. • **Cantar con voz semejante a un gemido.** • Usar la pala dando golpes cortos en la tierra.
Sapenco	• Persona torpe y con dificultad para comprender. • Sopa o consomé de vegetales cuyo ingrediente principal es el tallo de la espinaca, llamado "penco". • **Caracol terrestre con rayas transversales que alcanza una pulgada de longitud y es muy común en Europa meridional.**
Abuhado	• Que posee apariencia de búho. • **Hinchado.** • Tipo de construcción con forma de bóveda utilizada por los hebreos en sus viviendas para conservar la comida.

Muchas veces nos dejamos engañar por la facilidad de palabra, la insistencia o la seguridad de aquel a quien estamos oyendo. Otras veces nos han enseñado que el respeto a los líderes significa que debemos aceptar como verdad todo lo que dicen sin poder discernir por nosotros mismos la enseñanza; de esta manera, en vez de honrar a Dios terminamos poniendo nuestra fe en las personas y no en sus verdades. La carta de Judas es una clara advertencia contra las falsas enseñanzas que se filtran en la iglesia y que nos hacen dudar o desviar de la verdad.

Los tres "tips" de Judas

1 - Gracia o libertinaje

La pelea entre la gracia y el libertinaje existen ya desde los primeros tiempos. Pablo advierte en varias de sus cartas sobre ello, exhortándonos a no caer en la tentación de que la supuesta libertad nos haga sacar la vista de Cristo. Judas parece observar los mismos riesgos.

Lee Judas 1:4. ¿Qué estaban enseñando? ¿Cuál es la diferencia entre la bondad de Dios y la soberanía de Jesucristo?

Una de las más maravillosas promesas de Cristo es el llamado a la libertad. *"Si ustedes se mantienen obedientes a mis enseñanzas, será de verdad mis discípulos. Entonces conocerán la verdad y la verdad los hará libres"* (Jn 8:31-32). Pero hay dos claves para la libertad: una es ser sus discípulos, seguirlo, aprender de Él e imitarlo, y la segunda es conocer la verdad. Quien no sepa la verdad, vive engañado en una realidad paralela.

Dios nos ha dado libertad respecto al pecado (que con sus consecuencias nos tenía presos) y de tener plena comunión con Él. Con su esencia de amor nos da también de su Espíritu Santo, así que no queda otra que cada vez parecernos más a Él.

2- Instintos y pasiones

En la lección anterior hablamos un poco de esto. ¿Cuáles son las mentiras que escuchamos a diario? "Haz lo que sientes", "Sigue tu corazón", "Si eso te hace bien, ¡adelante!", y podríamos seguir citando frases que escuchamos casi a diario en la tele, en las publicidades o en el consejo de nuestros amigos y compañeros. Cada uno busca su propio bien en el momento, nadie quiere pensar ni en el otro ni en las consecuencias de sus actos; eso significa gran responsabilidad, y está pasado de moda.

Lee Judas 1:10. ¿Has tenido alguna vez un deseo de mal para alguien cercano? ¿Qué hubiera pasado si actuabas por instinto sin pensar en las consecuencias?

Es necesario oponerse a una injusticia, reclamar el derecho de un inocente o denunciar a un abusivo, pero ninguna de esas cosas son acciones irracionales sino un actuar por convicción. Muchas veces, la mejor manera de preservar un amigo o relación o conservar la paz con un profesor es callarse la boca y aguantarse la situación.

Hay cosas que el corazón nos dicta que, si nos dejamos llevar sin utilizar también el cerebro, nos destruirán, como lo dice Judas. Recordemos lo que aprendimos de la carta a Timoteo: *"Huye de las cosas que provocan los malos pensamientos en las mentes juveniles, y dedícate a seguir la justicia, la fe, el amor y la paz y hazlo junto a los que aman al Señor con toda sinceridad"* (2 Ti 2:22).

¡Interesante! Pablo le dice a Timoteo que lo haga *"junto a los que aman al Señor"*. Verás que el amor y cuidado de los demás solo es posible si dejamos de lado nuestros propios placeres y conveniencias, porque es dando que se recibe, perdonando que se obtiene el perdón y muriendo a nosotros mismos que se halla la verdadera vida.

3- Egoísmo versus perseverancia

Cuando hablamos de egoísmo siempre imaginamos a alguien acaparando para sí y pensando en sí mismo. Lamentablemente, la iglesia local no se salva de esta enfermedad. Predicamos a un Dios que es amor y que aunque es el dueño de todo, creador de todas las cosas, quiere relacionarse personalmente con nosotros pero nosotros somos muy elitistas, limitamos a quienes creemos que son menos y no estamos dispuestos a relacionarnos con todos. Necesitamos una nueva generación comprometida con el otro, dispuesta a negarse a sí misma y a amar como Jesús amó.

Lee Judas 1:17-23. ¿Cómo dice que debemos ser? ¿Cómo debemos comportarnos con los que dudan y con los que retuercen la verdad? ¿Cómo podemos mantenernos firmes en la fe? ¿Cómo podemos aprender a ser guiados por el Espíritu Santo?

¡Qué casualidad que el consejo de Judas es la misma actitud que tenía Jesús mientras estuvo aquí en la tierra! Y ese debe ser el consejo que seguimos, el que "pega" con lo que la Biblia nos enseña del carácter de Dios, que justamente es todo lo contrario al egoísmo e individualidad *(leer Mateo 20:26-28)*. Si este es Jesús, ¿por qué aceptar las ideas humanas en cuanto al servicio y el trato a nuestros hermanos y no hermanos en la fe? ¿Cómo debe ser nuestra conducta? ¿Qué pasaría si todos fuésemos siervos de los demás? ¿Cómo sería este grupo si todos tratáramos al otro como Jesús?

Cierre: el vendedor de humo (10')

Busca en YouTube el cortometraje "El vendedor de humo", dirigido por Jaume Maestro (Premier Frame), que es una excelente herramienta para charlar sobre este tema.

Cuídate de los vendedores de humo, que quieren hacer pasar lo que no es como si fuera: te venden una supuesta prosperidad, el éxito fácil, hacen pasar lo malo por bueno solo para su propio provecho (v. 16). Ellos son como nubes sin agua arrastradas por el viento, árboles sin fruto, olas de mar turbulento que arrojan a la playa la espuma de sus suciedades vergonzosas, y estrellas errantes a las que solo les espera la más densa y eterna oscuridad (vv. 12-13). Isaías 5:20, 24 nos advierte: *"Dicen que lo bueno es malo y lo malo es bueno, que lo negro es blanco y lo blanco negro, dulce lo amargo y amargo lo dulce [...] Desaparecerán como la paja en las llamas. Las raíces se les pudrirán y las flores se les marchitarán, porque han desechado las leyes de Dios y han menospreciado la Palabra del Santo de Israel".*

Como lo hizo Pedro, Judas nos aconseja mantenernos firmes en nuestra fe, en el conocimiento de la Palabra, el amor de Dios y la guía del Espíritu Santo para que "no nos dejemos arrastrar por sus pecados".

Descarga las lecturas diarias *En familia* **desde** *www.e625.com/lecciones*

Lección 46 > HEBREOS

El libro de Hebreos no tiene un autor reconocido, y entre los posibles escritores están Pablo, Bernabé, Silas, Apolos, Lucas, Felipe, Priscila, Aquila y Clemente de Roma; sin embargo, no existe un veredicto sobre este tema. Debido a que menciona a Timoteo que acababa de ser liberado de prisión, se cree que esta carta fue escrita entre el 67-69 d.C. El nombre de "Hebreos" lo recibe debido a su contenido tan relacionado con la vida del pueblo hebreo, sus costumbres y leyes. Es importante que tengas una buena idea del libro de Levítico para que puedas capturar el mensaje del libro de los Hebreos: los sacrificios, la función sacerdotal y su simbología son temas que se abordan para mostrar a Jesucristo como sacrificio absoluto, sumo sacerdote y rey.

Bienvenida y preguntas de introducción al tema (10')

Antes de comenzar la lección y después de saludar a tus preadolescentes, toma tres minutos para hacer tres preguntas no personales, para que nadie se sienta intimidado (puede ser a toda la clase o puedes elegir a uno que sepas que se siente cómodo respondiendo delante de todos).

1. ¿Qué cosas haces para Dios cada día?
2. ¿En qué cosas le fallamos a Dios todos los días?
3. ¿Qué cosas podemos hacer por Dios para que nos deje entrar al cielo?

Cuando Dios nos creó nos hizo sin pecado, y por esa razón podíamos estar con Él, pero cuando pecamos, dejamos de ser dignos de estar en su presencia. Para estar en paz con Dios, los seres humanos ofrecían sacrificios de animales: el castigo que merecíamos pasaba al animal, pero nunca era suficiente, y por tal razón Dios envía a su Hijo como único sacrificio. Al morir Jesús en la cruz, pagó definitivamente la deuda que teníamos con Él. Ahora nos toca aceptarlo como el mejor regalo que alguien pueda darnos, sin sacrificios que ofrecer porque ya no son necesarios nunca más. Jesús murió una vez y para siempre.

Suficientemente bueno (15')

Busca en YouTube el video *"Medidor de bondad - Historia de la gracia de Dios"* ("The Good-O-Meter", de CentralFilms) —asegúrate de disponer de buen audio y video—. Mira el video con los chicos y pregúntales: ¿creen que alguien ha sido lo suficientemente bueno como para ser aprobado por sí mismo? ¿Por qué Jesús escogería a esa persona y no a las otras?

¡Jesucristo ya pagó! ¡Qué gran noticia nos trae la Escritura! Han quitado de nuestras vidas la condena de muerte que teníamos como resultado de nuestro pecado. Jesús asumió el pago y ahora nos ofrece la vida eterna como regalo; Dios sabía que nunca íbamos a poder saldar esa deuda y, aunque nosotros fuimos los que fallamos, Él tomó la iniciativa.

Hebreos 9:12 nos dice: *"Él entró una sola vez y para siempre al Lugar Santísimo. No entró con sangre de chivos y becerros, sino con su propia sangre, logrando así un rescate eterno"*.

¿Qué sienten al recibir el mejor regalo de la historia?

Reyes y sacerdotes (20')

Necesitarás una bolsa con dulces en cantidad suficiente como para todos, dos banderas rojas y dos banderas azules.

Descarga el apartado *Complementario* **desde** *www.e625.com/lecciones* **donde encontrarás la hoja de** *Reyes y sacerdotes* **y entrégasela a tus alumnos.**

Divide el grupo en dos: uno de los equipos se llamará *Reyes* y el otro equipo se llamará *Sacerdotes*. Para ello, coloca en una bolsa la misma cantidad de papelitos con estos nombres (según la cantidad de alumnos que tengas) y pídeles que unos se coloquen a un lado y al otro del salón. Coloca también en la bolsa un papel rojo que diga *Rey y sacerdote* (ambas palabras), y esta persona será ella sola el tercer equipo, llamado *Reyes y sacerdotes*.

Entrega una hoja de trabajo a cada equipo, y tendrán cinco minutos para que estudien todos los datos que hay en ella. Una vez que se acabe el tiempo, procede a leer las siguientes oraciones que te damos a continuación, preguntando si son verdaderas o falsas (verdadero es la bandera azul, falso es la bandera roja). Primero debes hacer la pregunta, y a la cuenta de tres las personas asignadas de cada equipo deben levantar la bandera según la respuesta (ambos al mismo tiempo). El equipo que gane la mayor cantidad de puntos es el ganador y se lleva todos los dulces (los equipos sin dulces recibirán el castigo de cantar una canción de cuna mientras bailan).

Acá está el detalle del juego: el equipo *Reyes y sacerdotes* gana un punto SIEMPRE, ya que representa a los dos, por lo que cuando acierte el equipo *Reyes* le asignas un punto a *Reyes* y un punto a *Reyes y sacerdotes*; lo mismo cuando gane *Sacerdotes*, también recibe un punto el equipo *Reyes y sacerdotes*.

Pregunta	Respuesta correcta
El corazón late 1000 veces por día.	Falso. Late 100 000 veces aproximadamente.
El mono aullador se escucha a 5 km de distancia.	Verdadero.
La miel se digiere mejor que el azúcar gracias a las abejas.	Verdadero.
Menos del 1% de los estadounidenses come pizza cada día.	Falso. 13% en promedio.
Charles Darwin viajó sobre una tortuga.	Verdadero.
El tomate era originalmente anaranjado.	Falso. Era amarillo.
En Perú crecen más de 4000 tipos de papas.	Verdadero.

(puedes agregar más preguntas si así lo deseas)

La idea es que el equipo *Reyes* y el equipo *Sacerdotes* tengan menos de siete puntos y que el equipo *Reyes y sacerdotes* tenga los siete puntos. Luego entrégale a la persona del equipo *Reyes y sacerdotes* el premio. Pero hay una trampa: el ganador debe saber, en algún punto del juego, que va a recibir el premio pero que después de festejar debe parar todo y cuando se le imponga el castigo a los otros equipos, debe compartir su premio con todos (no te olvides de coordinar esto con esa persona).

Reflexión:

El único equipo que podía ganar era *Reyes y sacerdotes*: ¡siempre gana! No existía forma de que ustedes, *Reyes*, y ustedes, *Sacerdotes*, ganaran este juego, ya que en algún momento perderían una pregunta. El equipo *Reyes y sacerdotes* lo ganaría siempre. Y ahora... ***¡es hora de cumplir con el castigo!*** (en este momento, el ganador los convierte a todos en ganadores repartiendo los dulces entre todos. Mientras reparten los dulces, cuéntales lo siguiente:

Jesucristo es el único digno ganador. Estábamos condenados todos a un castigo, tal y como los que perdieron el juego, pero sin merecerlo, nuestro REY y SACERDOTE nos entrega el regalo de la vida eterna. Solo necesitamos aceptarlo, tal y como nos regalaron el dulce y lo aceptamos).

El autor de Hebreos les cuenta del Evangelio a la manera que ellos entendían: con imágenes y leyes judías. Como vimos en clases anteriores del Antiguo Testamento, los sacerdotes eran quienes ofrecían sacrificios para que el pecado del pueblo fuera pagado. Luego, solo el sumo sacerdote podía pasar al lugar santísimo donde estaba la presencia de Dios; año tras año, debían entregar los sacrificios para ser aceptados por Dios. Pero la buena noticia es que Jesús es el sumo sacerdote que rompió el velo y pagó una vez y para siempre con un sacrificio que no necesita volver a hacerse. Su sangre es suficiente, pero no se quedó ahí sino que nos participó con su recompensa, que es el regalo de la vida eterna y una nueva relación con Dios cara a cara. (*Lee Hebreos 9:11-15; 10:12; 7:27-28*)

Por la fe (10')

Solo por fe podemos tener la certeza que todo esto es así y en un futuro perfecto en Jesucristo (*lee Hebreos 10:22-23*).

¿Qué es la fe? (*lee Hebreos 11:1-3*).

¿Qué personajes reconoces entre los versículos de Hebreos 11:4-31? ¿Qué historias recuerdas de su fe?
Abel / Noé / Abraham / Isaac / Jacob / José / Moisés

Cierre (5')

Aunque todos fueron aprobados por su fe, ninguno vio realizarse el cumplimiento de la promesa de Dios. Hebreos 11:40-12:2 dice: *"Es que Dios tenía preparado algo mejor: los perfeccionará a ellos cuando nosotros también lo seamos. Por eso, también nosotros, que estamos rodeados de tantos testigos, dejemos a un lado lo que nos estorba, en especial el pecado que nos molesta, y corramos con paciencia la carrera que tenemos por delante. Mantengamos fija la mirada en Jesús, pues de él viene nuestra fe y él es quien la perfecciona. Él, por el gozo que le esperaba, soportó la cruz y no le dio importancia a la vergüenza que eso significaba, y ahora está sentado a la derecha del trono de Dios".*

Solo necesitamos fe para recibir el regalo sacrificial de Jesús y dejar a un lado lo que no vale la pena, porque nuestra recompensa quizás no es inmediata pero es eterna. (*Cierra con una oración*)

Descarga las lecturas diarias *En familia* **desde** *www.e625.com/lecciones*

Lección 47 > 1 JUAN

La primera epístola de Juan fue escrita por el apóstol Juan (la primera de tres que escribió). Ya que no lleva ningún remitente, se dice que es una *epístola general*. Cuando Juan la escribió, nacía un movimiento que se llama *gnosticismo*, que negaba la encarnación de Jesucristo y estaba propagando falsas doctrinas, entre las que sobresalía que la salvación se daba por el conocimiento y que el cuerpo y el espíritu estaban separados. Debido a esto, Juan decide escribir con la autoridad de un padre para prevenir a la iglesia de estas corrientes y para animarlos en el amor, buscando así fortalecer conceptos básicos pero profundos en la iglesia. Cuando leemos a Juan en cada uno de sus escritos (el evangelio de Juan, las cartas primera, segunda y tercera de Juan y el Apocalipsis) podemos ver el celo con que defendía el plan supremo de Dios a través de la obra redentora de Jesucristo.

Bienvenida y preguntas de introducción al tema (20')

Antes de comenzar la lección y después de saludar a tus preadolescentes, toma tres minutos para hacer tres preguntas no personales, para que nadie se sienta intimidado (puede ser a toda la clase o puedes elegir a uno que sepas que se siente cómodo respondiendo delante de todos).

1. ¿Qué es el amor?
2. ¿Puedes ver el amor? ¿Por qué?
3. ¿De qué manera podemos demostrar amor?

(Nota: cada vez que alguien responda, toma nota en un pizarrón o en una gran hoja de papel, y al final dibuja un gran corazón que las encierre a todas)

La primera carta de Juan tiene que ver con el amor, porque Dios es amor. Ese amor tiene que mostrarse de la misma manera en que podemos sentir el amor de Dios a través de su perdón. Aunque a veces quienes más necesitan de nuestro amor son aquellos por quienes menos lo sentimos, Dios espera que nosotros mostremos nuestro amor con los demás como Él lo hizo con nosotros: incondicionalmente, no solo con las emociones sino por tener conocimiento sobre Él.

Un tesoro escondido (10')

Necesitarás chocolates pequeños con envoltura, periódicos viejos y bolsas para basura. Prepara previamente unas bolsas con bolas de papel periódico arrugado (que simulen ser basura) y dentro de algunas de las bolas de papel debes meter los chocolates. Asegúrate de que haya al menos uno para cada asistente a tu grupo y de poner bastantes bolas de papel periódico sin chocolates que abulten bien las bolsas.

Muéstrale al grupo la bolsa llena de "basura" y pregunta qué hay ahí. Busca las respuestas: basura, desperdicio, suciedad y similares. Luego explicarás que dentro de algunos papeles hay chocolates envueltos y que quien los encuentre puede quedárselos (pero cuando los encuentren, no pueden comerlos todavía). Por un lado, tendrán los chocolates en su mano y por el otro habrá papeles tirados por todos lados (a quien haya encontrado más de uno, pídele que comparta con los que no tienen).

Preguntas:

- Si al principio vimos que había basura, ¿qué cambió para que decidieran buscar dentro de ella?
- Mira si existe alguien que tenga más de un chocolate y pregunta: ¿valió la pena buscar en la bolsa?
- Pregunta al grupo en general: ¿por qué no se quedaron con el papel periódico pero sí con el chocolate?

Este es un juego para que aprendamos sobre el amor de Jesucristo hacia nosotros y cómo nos limpia del pecado. Cada bolita de papel que tenía un chocolate adentro es cómo éramos cada uno de nosotros antes de conocer a Jesús (pregúntale al grupo cómo éramos antes de Jesús). Ustedes hicieron lo que Jesús hace por nuestras vidas: vieron más allá de una "bolsa de basura" y decidieron buscar (1 Jn 4:9-10). Cuando dejamos que Jesucristo entre a nuestras vidas y nos limpie de pecado, es similar a lo que ustedes hicieron al quitar ese papel arrugado y viejo de sus deliciosos chocolates: ahora cada uno de ustedes está muy feliz por haber encontrado lo que buscaba, y así también se alegra Jesús cuando venimos a Él y permitimos que nos limpie.

"Pero si confesamos a Dios nuestros pecados, él, que es fiel y justo, nos perdonará y nos limpiará de toda maldad." (1 Juan 1:9)

De rompecabezas (10')

Necesitarás dos rompecabezas de menos de veinte piezas exactamente iguales, dos bolsas tipo ziploc o similares y una bolsa de malvaviscos (premio). Debes poner cada rompecabezas en una bolsa ziploc, y luego tomar una pieza de uno de los rompecabezas y colócala en la bolsa del otro.

Divide el grupo en dos así: busca a una niño y a un niño y ellos deberán elegir a un alumno por vez, siempre de manera intercalada (eligiendo un niño y una niña cada uno). Entrega a cada equipo una bolsa con el rompecabezas y diles que tendrán tres minutos para armar los rompecabezas; si lo logran a tiempo, reciben un premio (es muy importante decirlo así porque el juego no se trata de que gane el equipo que lo arme más rápido, sino que se trata de que los dos rompecabezas estén completos).

Pon a correr el tiempo; vas a notar que al equipo al que le faltó una pieza va a venir hacia ti a buscarla, así que envíalos de vuelta y diles que busquen bien (normalmente, el equipo que tiene una pieza de más se queda callado hasta que logra armar el rompecabezas; cuando este equipo diga que está listo, dejas que siga el tiempo hasta que se agote o hasta que compartan la pieza sobrante).

Reflexión (5')

Escenario 1: el equipo que tenía una pieza de más se quedó con la pieza del equipo contrario hasta que terminó de armar el rompecabezas y se autoproclamó ganador.

* ¿Por qué creyeron que habían ganado?
* ¿Cuándo se dieron cuenta de que tenían una pieza de más?
* ¿Por qué no la devolvieron? ¿O por qué la entregaron recién al final?
* ¿Cómo se sienten al saber que el otro equipo tenía la pieza que les hacía falta?

Revisa de nuevo las indicaciones y haz que el equipo reflexione sobre ellas, dándose cuenta de que dijiste **tres minutos para armar los rompecabezas** (siempre se trató de todo el grupo, y no de ganar o perder).

Escenario 2: el equipo que tenía una pieza más identificó la pieza y la devolvió rápidamente o la compartió con el otro equipo.

* ¿Por qué decidieron entregar la pieza que tenían de más?
* ¿Cómo se sintieron al escuchar que al otro equipo le faltaba una pieza?
* ¿Cómo se sintieron al recibir la pieza que les hacía falta?

Este es un juego para que aprendamos a mostrar amor apoyando las necesidades de los demás. En 1 Juan 3:17-18, 20-21 vemos que la vida no es una competencia de acumular cosas, sino que debemos mostrar el amor que Jesucristo nos dio cuando tomó nuestro lugar en la cruz, apoyando a las demás personas. Dios nos da cosas, experiencias y situaciones para que las administremos y es por esa razón que debemos tener claro que, así como Dios nos dio a su Hijo como muestra de su amor, nosotros podemos mostrar el amor a los demás apoyándolos en sus situaciones difíciles.

Al final, no se trata de que armes tu rompecabezas primero, se trata de que podamos apoyarnos a armar los rompecabezas de todos. El amor es que nos veamos como un solo equipo y podamos caminar juntos.

Preguntas para reflexionar:

- ¿Qué es más fácil: amar a Dios o amar al hermano?
- ¿Cómo mostramos que amamos a Dios?
- ¿Cómo nos mostró Dios su amor?

(lee 1 Juan 2:6; 3:14-16; 4:7-10)

Cierre (5')

No se trata de sentir el amor, sino de amar porque Dios nos amó primero y nos enseñó a amar. Si no amamos al prójimo, negamos el amor de Dios y a Dios mismo, porque Dios es amor.

¿A qué persona te cuesta mucho amar? ¿Por qué? ¿Crees que Dios ama a esa persona? ¿Por qué entonces tienes el derecho de no amarla o hasta quizás odiarla?

La obra de Dios no está completa en nuestra vida, pero definitivamente podemos pedirle que nos ayude a sentir su amor por esas personas difíciles de amar. ¿Cuál será tu próximo paso hacia el amor de Dios?

Descarga las lecturas diarias *En familia* **desde** *www.e625.com/lecciones*

Lección 48 > 2 Y 3 JUAN

La segunda y tercera cartas de Juan (2 Jn y 3 Jn) son cartas personales. A diferencia de la primera que fue una carta general, estas dos cartas tienen destinatarios específicos: 2 Juan fue dirigida a una dama y su familia, mientras que 3 Juan fue escrita para su amigo Gayo. Recuerda que Juan está en edad avanzada; él se describe a sí mismo como "el anciano" y está viendo cómo nacen nuevas falsas doctrinas como el gnosticismo. Las dos cartas abordan temas sobre la hospitalidad, una previniendo a los cristianos para que no hospeden a los falsos ministros que buscan torcer la verdad de Dios, y la otra hablando sobre la obligación de abrirnos las puertas como hermanos entre el cuerpo de Cristo. El tema central sigue siendo el amor y cómo a través de la obediencia es que lo demostramos.

Bienvenida y preguntas de introducción al tema (20')

Antes de comenzar la lección y después de saludar a tus preadolescentes, toma tres minutos para hacer tres preguntas no personales, para que nadie se sienta intimidado (puede ser a toda la clase o puedes elegir a uno que sepas que se siente cómodo respondiendo delante de todos).

1. ¿Alguna vez han recibido en tu casa a gente que no conoces bien? ¿Cómo sucedió?
2. ¿Alguna vez has ido a quedarte por algunos días a la casa de otra persona?
3. ¿Qué reglas hay en tu casa para las personas que te visitan?

Las cartas de 2 y 3 Juan son cartas escritas para personas cercanas a Juan. En ellas nos deja ver aspectos importantes sobre la hospitalidad y el amor a los demás, especialmente a aquellos que están llevando la palabra de Dios a todos lados y necesitan ayuda. En la época de Juan, cuando la iglesia recién comenzaba, era muy común que los evangelistas fueran de ciudad en ciudad predicando; sufrían muchos ataques y castigos, y el poder quedarse unos días en la casa de hermanos de la fe era muy reconfortante.

Las pictocartas

Necesitarás dos pliegos grandes de papel y marcadores de colores. Divide al grupo en dos partes y cuéntales por separado (sin que el otro grupo escuche) el tema sobre el cual debe tratar la carta que les toca. La regla: deben escribirla sin usar letras (pueden usar dibujos, garabatos, símbolos, etc.). La idea: que usen su imaginación.

Indicación para el equipo de la carta 1: debes advertirle a tu amigo de la escuela que escuchaste que un compañero de grado —no muy amigable— planea hacerle una maldad durante el recreo, que tiene preparada una "bomba de lodo" para lanzarla ni bien ponga un pie en el patio. Debes advertirle dejándole una carta en su escritorio antes de que suene la campana.

Indicación para el equipo de la carta 2: tus padres no responden el celular (quizás se quedó sin batería) y necesitas dejarles una nota explicando que irás a la casa de un/a amigo/a a estudiar, cenarás allí y necesitas que te pasen a buscar en tres horas.

Dales diez minutos para preparar sus cartas, siempre respetando las reglas. Luego permite que un equipo muestre su carta y que el otro equipo la interprete, y posteriormente permite que el equipo que realizó la carta la explique.

Reflexión:

¿Cómo se sintieron escribiendo este tipo de cartas?
¿Cómo te sentirías si recibieras estas cartas? ¿Qué harías?

Las cartas 2 y 3 Juan son cartas personales; en ellas Juan le escribe a los miembros de una iglesia para hablarles sobre el amor y cómo lo demostramos siguiendo las enseñanzas que Jesús nos dejó. Entre sus enseñanzas se destaca la de ayudar a los misioneros que estaban de paso camino hacia otra ciudad, aunque era muy importante señalar que había personas que no reconocían a Jesús como Señor y se aprovechaban de la hospitalidad de los cristianos, por eso les advierte también sobre ellos.

¿Cómo interpretarían sus amigos sus cartas? ¿Cómo sabían quién era quién? La respuesta en 2 Juan 1:9 dice: *"Todo el que se aparta de las enseñanzas de Cristo, también se aparta de Dios. El que permanece fiel a las enseñanzas, tiene al Padre y al Hijo".*

¿Qué significa que si alguien se aparta de las enseñanzas de Cristo está apartado de Dios? ¿Por qué se lo considera así?

Con guía es mejor (15')

Necesitarás tres tarros con agua, dos animales de peluche, tres carritos de juguete y dos pañuelos grandes para vendar los ojos a los concursantes (antes, debes construir con tu equipo y estos elementos un camino de obstáculos que no sea fácil de esquivar). Elige dos voluntarios, venda sus ojos y páralos frente al circuito; la idea es llegar al final sin ser "atropellados" por los autos, caer en "el lago sin fin" o ser "atacados por un feroz animal". Si lo logran, ganan un dulce, y van a tener dos intentos:

Intento 1: primero tápale los ojos a los jugadores y cuando no puedan ver, mueve los objetos del camino para que no se lastimen (pero sin que sepa). Déjalos caminar a ciegas, que sientan lo difícil que es tratar de esquivar obstáculos sin poder ver. Para agregarle emoción,puedes lanzarles un peluche cuando van de camino. Deja que todos los otros alumnos les griten instrucciones y advertencias; descúbreles los ojos y se darán cuenta de que lograron llegar al otro lado porque habían liberado el camino.

Intento 2: ahora elige a otros dos jugadores que serán guías. Los mismos jugadores volverán a taparse los ojos y ahora, sin mover los objetos del camino, tratarán de guiar al jugador vendado para que pueda lograr llegar al otro lado. La guía caminará al lado del "ciego" pero sin tocarlo. Cuando lleguen al final les das su premio, el mismo que no se habían ganado en el primer intento.

Reflexión:

¿Fue fácil caminar por el laberinto con los ojos vendados? ¿Por qué?
¿Mejoró cuando alguien les dijo cómo hacerlo?
Estabas recibiendo órdenes… ¿Fue buena decisión seguirlas? ¿Por qué?

2 Juan 1:6 nos dice: *"Si amamos a Dios, debemos obedecerlo en todo. Desde el principio nos ordenó que siempre nos amáramos"*. Seguir las indicaciones a través del camino de obstáculos permitió que pudieran llegar seguros a la línea final y obtener el premio. Jesús nos ama tanto que nos dejó una serie de guías para que lo sigamos y así llegar al final del camino de manera segura, donde nos espera el premio eterno.

Muchas veces nos resistimos a obedecer —a padres, maestros o al mismo Dios— pero debemos saber que Dios nos ama, y la forma de demostrarle nuestro amor es obedecerlo, porque su guía es un parámetro para vivir sin lastimarnos. A veces es fácil responder a la pregunta *¿amas a Dios?*, pero ¿qué significa amarlo? Entrega a cada alumno lápiz y papel y dales un tiempo para que reflexionen sobre qué es lo que más les cuesta obedecer de las instrucciones de Dios. ¿Por qué creen que son tan difíciles de permanecer en esas enseñanzas y cómo podrían hacer para lograrlo?

Cierra con una oración de gratitud a Dios por sus enseñanzas, porque son vida para quienes las guardan, y pídele que nos guíe para tomar buenas decisiones cada día.

Descarga las lecturas diarias *En familia* desde *www.e625.com/lecciones*

Lección 49 > APOCALIPSIS *(primera parte)*

Capítulos 1 al 5

El Apocalipsis es el último libro del Nuevo Testamento y fue escrito por el mismo Juan que escribió el evangelio y las cartas juaninas. En este momento de la historia Juan estaba exiliado en la isla de Patmos y en una edad avanzada, cuando recibió directamente de Jesucristo la revelación de los tiempos finales. En estos primeros capítulos Jesús se presenta ante Juan para enviar un mensaje muy importante a siete diferentes iglesias, y además da una visión del cielo.

La división del libro en dos partes obedece a la cronología que tiene Apocalipsis, iniciando con los capítulos del 1 al 5 como hechos que ya sucedieron y dejando los capítulos del 6 al 22 como aquellos que están por cumplirse. Cuando este libro se escribió, probablemente la persecución a los cristianos ya había empezado y la figura de los mártires empezaba a presentarse; partiendo de esta realidad, el mensaje del libro del Apocalipsis es consuelo y esperanza. Se refleja el control absoluto de parte de nuestro Dios de todos los tiempos, brindándole certeza del plan divino a todos los cristianos, aun más a los que estaban padeciendo a finales del siglo primero.

Bienvenida y preguntas de introducción al tema (10')

Antes de comenzar la lección y después de saludar a tus preadolescentes, toma tres minutos para hacer tres preguntas no personales, para que nadie se sienta intimidado (puede ser a toda la clase o puedes elegir a uno que sepas que se siente cómodo respondiendo delante de todos).

1. ¿Cuál es tu superhéroe favorito? ¿Por qué?
2. Si ese superhéroe fuera tu amigo, ¿qué favor le pedirías?
3. ¿Qué superhéroes hay hoy en día?

El Apocalipsis inicia con Jesucristo como protagonista. Jesús se muestra de una forma diferente a como se había presentado cuando vino a la tierra por primera vez; aquel humilde carpintero ahora aparece vestido como rey, con todo el despliegue de su gloria y poder, con un mensaje que nos llena de esperanza: Él tiene el control de absolutamente todo.

Así es mi Jesús (15')

Necesitarás lápices o crayones de color y el material especial del anexo.

Descarga el apartado *Complementario* **desde** *www.e625.com/lecciones* **donde encontrarás la hoja** *Así se mostró Jesús* **y entrégale una copia a cada alumno.**

Antes de entregarles sus hojas, pídeles a los chicos que digan cómo describirían a Jesús (permite que hablen por unos tres minutos). Luego, lee Apocalipsis 1:12-16. Dales diez minutos para que puedan hacer cada detalle de la descripción.

Reflexión (5')

- ¿Alguno cambió su percepción de Jesús? ¿En qué cambió?
- ¿Qué fue lo que más les gustó de la descripción de Apocalipsis?
- ¿Cómo les contarían a sus amigos esta descripción de Jesús?

Jesucristo murió, resucitó y regresó al cielo para prepararnos un lugar junto a Él. Como Jesús fue obediente en todo con el Padre, le fue dado el poder sobre todo, y lo mejor de esto es que Jesús ya había dicho que regresaría y el Apocalipsis nos confirma que Él es rey y que, tal como lo prometió, está decidido a cumplir definitivamente con su plan de redención.

Puedes estar seguro de que Él tiene el control y que va a cumplir con su palabra. En este momento, nuestro Jesús se prepara para su segunda venida y vendrá con todo el poder que pudimos escuchar.

¿Qué opinan de nuestro asombroso rey?

Los arquitectos (10')

Descarga el apartado *Complementario* **desde** *www.e625.com/lecciones* **donde encontrarás la hoja** *Así se mostró Jesús* **y entrégale una copia a cada alumno.**

Entrega a cada persona lápices y la hoja de trabajo. Diles que es su trabajo terminar de "construir" siete iglesias. Para que una iglesia se considere completa debe de tener: un campanario, una cruz en el campanario, una puerta con una ventana sobre ella y dos ventanas al lado. Solo si están completas podrán ser utilizadas.

Haz hincapié en la importancia de tener las iglesias completas, porque caso contrario, no las recibiránn los dueños (dales cinco minutos para que cumplan y coloreen la hoja).

¿Qué hubiera sucedido con las iglesias si no las hubiéramos completado?
¿Cuál requirió más trabajo? ¿Cuál estuvo más completa?
¿Cómo te hubieras sentido si no hubieras podido terminar alguna iglesia?
¿Quién es la iglesia? ¿Cómo puede una iglesia estar incompleta? ¿Qué consecuencias tiene una iglesia incompleta?

Dios es amor, nos ama tanto que quiere que cambiemos lo que debemos cambiar y que retengamos lo que es bueno, para poder estar con Él en la eternidad. Los capítulos 2 y 3 de Apocalipsis nos muestran siete cartas que Jesucristo envía a los pastores de siete iglesias. La iglesia es muy importante para Jesucristo, es parte del plan de Dios y, al igual que trabajaste para completar las iglesias a las que le hacía falta algo para estar listas, de esa forma Jesucristo envió su mensaje a ellas para que cambiaran y así pudieran recibir los premios eternos.

Las siete iglesias (10')

Divide a tus alumnos en grupos de cuatro o menos y entrégales una hoja de trabajo a cada uno, y que entre todos busquen las respuestas y completen los espacios en blanco.

Descarga el apartado *Complementario* **desde** *www.e625.com/lecciones* **donde encontrarás las hojas** *Los arquitectos - Hoja de trabajo* **y** *Los arquitectos - Respuestas para el maestro.* **Entrégale una copia de la primera a cada alumno, y la otra es para el control del líder.**

Designa a un líder de cada grupo para que divida las lecturas, así podrán encontrar las respuestas dentro de los diez minutos y charlar sobre ellas.

¿Qué cosas crees que se repiten hoy en día?
¿Qué podemos aprender para no cometer esos errores?

No importa cuántos errores cometamos, el Señor nos rescató y un día vendrá con toda su gloria como lo ha prometido. Nuestra mente es muy finita como para imaginarlo: Apocalipsis 4:11 y 5:9-14 declaran el canto de los santos al Señor.

Cierre (5')

Apocalipsis significa "revelación", y en este libro se nos revela de una y otra manera quién es Jesucristo: el Hijo de Dios, el testigo fiel, primogénito y soberano sobre todos los reyes de la tierra, el Alfa y la Omega, principio y fin, el que es, el que era y el que ha de venir, el Todopoderoso, el que estaba muerto pero que vive por siempre, el León de Judá, y el Cordero que por su sacrificio tiene la autoridad de recibir el título de propiedad de toda la tierra y humanidad. Este mismo gran Señor es nuestro amigo y ha dado todo por nosotros. ¿Quién es para ti Jesús?

Cierra con una oración dando gracias al Señor por lo que ha hecho, por haberse humillado por nosotros, pero también porque un día vendrá con gloria y esplendor. Pide por aquellos que hayan entendido y reconocido el poder y misericordia de Dios y deseen entregar su vida al gran Rey.

Descarga las lecturas diarias *En familia* **desde** *www.e625.com/lecciones*

Lección 50 > APOCALIPSIS (segunda parte)

Capítulos 6 al 22

El Apocalipsis es el último libro del Nuevo Testamento y fue escrito por el mismo Juan que escribió el evangelio y las cartas juaninas. En este momento de la historia Juan estaba exiliado en la isla de Patmos y en una edad avanzada, cuando recibió directamente de Jesucristo la revelación de los tiempos finales. En estos primeros capítulos Jesús se presenta ante Juan para enviar un mensaje muy importante a siete diferentes iglesias, y además da una visión del cielo.

La división del libro en dos partes obedece a la cronología que tiene Apocalipsis, iniciando con los capítulos del 1 al 5 como hechos que ya sucedieron y dejando los capítulos del 6 al 22 como aquellos que están por cumplirse. Cuando este libro se escribió, probablemente la persecución a los cristianos ya había empezado y la figura de los mártires empezaba a presentarse; partiendo de esta realidad, el mensaje del libro del Apocalipsis es consuelo y esperanza. Se refleja el control absoluto de parte de nuestro Dios de todos los tiempos, brindándole certeza del plan divino a todos los cristianos, aun más a los que estaban padeciendo a finales del siglo primero.

Bienvenida y preguntas de introducción al tema (10')

Antes de comenzar la lección y después de saludar a tus preadolescentes, toma tres minutos para hacer tres preguntas, en este caso, a toda la clase en general.

1. ¿Cuál es el mejor final de película que pueden recordar?
2. ¿Recuerdan alguna buena película con un mal final? ¿Por qué?
3. ¿Cómo le explicarían a una persona de la época de Jesús lo que es una película como la conocemos hoy?

El Apocalipsis nos narra el final de la historia que se ha gestado desde Génesis, la grandiosa historia de redención y la restauración de todas las cosas. Juan recibió la visión de lo que ocurrirá al final de los tiempos y lo documentó para nosotros; el problema es que Juan no entendía nada de lo que veía, nunca había visto criaturas semejantes ni tenía con qué comparar lo que estaba viendo cuando quiso explicárselo a sus amigos. Era como quererle explicarle a alguien del año 1800 de qué se trata el internet o los teléfonos celulares inteligentes.

Todavía para nosotros hoy, el Apocalipsis esconde algunos secretos que no podemos entender porque lo que relata es acerca de nuestro futuro pero contado por alguien del pasado. Sin embargo, sin duda será el mejor final que hayamos podido soñar.

El extraño sueño de Cristóbal Colón (20')

Divide al grupo en tres partes colocando en una bolsa tantas copias como necesites de tres figuras de monstruos diferentes (asegúrate de que haya una figura para cada alumno y de que sean cantidades iguales, así la división será fácil). Un representante de cada equipo debe pasar al frente. Sobre una mesa colocar tres papeles boca abajo que tengan estos tres inventos (uno en cada papel): teléfono celular inteligente, el tren bala y un horno microondas. Los tres voluntarios deben imaginar que están en el tiempo de Cristóbal Colón (1500 d.C.) y uno a la vez debe hacer de cuenta que soñaron con el artefacto que les tocó y deben de explicar a la tripulación qué fue lo que soñaron, intentando que ellos lo entiendan (recuérdales que no pueden usar palabras modernas, ya que ni Cristóbal Colón sabía qué era lo que vio). Los tres equipos deben intentar descubrir de qué se trata, y el equipo con más aciertos gana.

Variante: si tienes más tiempo, puedes escribir un invento para cada alumno, y luego deberán caminar por todo el salón hablando con sus compañeros tratando de descubrir la mayor cantidad de inventos posibles. De la misma manera que se explicó antes, los jugadores solo pueden dar descripciones sin utilizar lenguaje actual y nunca confirmar de qué se trata, deben dejar que el otro jugador escriba lo que piensa que le tocó. El que acierte más inventos dentro de los cinco minutos, gana. Dales papel y lápiz a todos los jugadores para que anoten el nombre del alumno y el invento que creen que le tocó a ese jugador.

Reflexión:

- ¿Qué fue lo más difícil de esta dinámica?
- ¿Entendió la gente que estaba con Colón lo que él realmente vio en su sueño? ¿Por qué?
- ¿Cómo le explicarías estos inventos a tu mejor amigo?

Los capítulos del 6 al 22 del libro del Apocalipsis tienen diferentes símbolos que describen la manera en la que Dios vence definitivamente a la maldad, juzga a todas las personas de todos los tiempos, castiga a quienes no aceptaron el regalo de la salvación y premia a quienes sí se arrepintieron de sus pecados y confiaron en Jesucristo. Ni tú ni yo estuvimos junto a Juan para saber qué fue lo que realmente vio, por lo que una buena manera de abordar el Apocalipsis es centrarnos en el plan supremo en lugar de buscar la interpretación a su simbología.

Juan fue llevado al cielo y al futuro y tuvo que usar lo que él conocía para poder explicar cosas que nunca había visto. Si para Cristóbal Colón fue difícil explicar un teléfono celular, ahora piensa en Juan describiendo esta visión que aún no sucede.

La batalla final (20')

Busca en YouTube el video *"El Señor de los Anillos: Las dos torres - Batalla del Abismo de Helm"*, dirigida por Peter Jackson y distribuida por New Line Cinema, con una duración de 5 minutos (deberás conseguir buen audio y video).

Comienza pidiéndole a algún alumno que lea Apocalipsis 11:15: *"El séptimo ángel tocó la trompeta, y varias voces potentísimas gritaron desde el cielo: 'El reino de este mundo pertenece ahora a nuestro Señor y a su Cristo; y él reinará para siempre'"* y luego Apocalipsis 17:14 que dice: *"Y se unirán para pelear contra el Cordero, pero el Cordero los vencerá porque es Señor de señores y Rey de reyes, y los que lo siguen son sus llamados, sus elegidos y sus fieles"*. Luego, muéstrales el video sobre la batalla del Abismo de Helm: muchas películas se ven increíbles y aparentemente fantasiosas, pero Apocalipsis relata este estilo de batallas donde se juega el todo para la eternidad.

Durante los capítulos 6 al 20 de Apocalipsis se narra la forma en la que Dios va juzgando la maldad. En esta escena final, el diablo lucha con todas sus fuerzas para vencer a Jesucristo, pero no puede porque Jesucristo tiene la autoridad sobre todo y ya lo ha vencido en forma personal, y ahora viene por lo que es de Él.

De la misma manera que en el video esperaban un milagro que los rescatara, soportaban resistiendo y luchando con todo lo que tenían a mano; así debemos de resistir y luchar para vivir nuestra vida tal y como Jesucristo nos ha enseñado a lo largo de su Palabra, mientras esperamos que su regreso sea triunfal y definitivo. A veces nos sentimos desanimados, perdidos, derrotados, pero podemos estar seguros de que si Él dijo que vendría, Él lo cumplirá porque todo lo que Dios ha prometido lo ha cumplido; eso aprendimos a lo largo de todas las lecciones de la Biblia que hemos estudiado.

Cielo nuevo, tierra nueva (10')

Muestra las fotos de "Edificios asombrosos" rápidamente, mencionando cómo se llaman y dónde se encuentran. ¿Por qué son tan grandiosas todas estas construcciones? ¿Sabías que Dios está pensando en un megadiseño de ciudad para todos nosotros? Si el hombre puede tener esta creatividad tan asombrosa, ¡imagínate lo que Dios puede hacer para nosotros!

"Me llevó en el Espíritu a la cumbre de un monte alto, y desde allí contemplé una ciudad que bajaba del cielo, de delante de Dios. Era la santa Jerusalén. Brillaba con la gloria de Dios, resplandecía como piedra preciosísima, como piedra de jaspe, diáfana como el cristal. Sus murallas eran amplias y altas, y doce ángeles custodiaban sus doce puertas. Los nombres de las doce tribus de Israel estaban escritos en las puertas." (Ap 21:10-12)

(Cuéntales detalles adicionales, asegúrate de leer estos dos pasajes y descríbeles los materiales y otros. No te olvides de mostrar mucha emoción)

Al final de toda la historia, Dios tiene un lugar preparado para nosotros; es lo que nos dijo en Jesús en Juan 14:1-4, lo mismo que cuentan los últimos dos capítulos del Apocalipsis (Ap 21). Por eso, no es de extrañarnos que Juan terminara el libro escribiendo: *¡Ven!* (Ap 22:17), porque la venida de Cristo es gran ganancia para todos los que en Él confiamos y por eso no tememos sino que estamos llenos de esperanza.

Cierre (5')

De principio a fin, desde la creación hasta el final (que todavía no ha llegado) Dios nos ha mostrado su amor, su misericordia, lo que lo enoja, lo que es capaz de hacer por nosotros, cómo nos reconquistó, su plan para nosotros y su final feliz para todo este gran cuento que es la vida. Ahora que lo conocemos verdaderamente, podemos decir con certeza que no hay nada fuera de Él, que Él **ES** amor y que su palabra es verdadera, fiel y de bien. Que este sea el comienzo de una vida más plena con nuestro Señor.

Cierra con una oración por tus alumnos, dando gracias a Dios por todo lo que Él tiene preparado para nosotros y por la esperanza que eso nos trae, y pídele al Señor que guíe a tus jovencitos a permanecer fuertes en su fe.

Descarga las lecturas diarias *En familia* **desde** *www.e625.com/lecciones*

ALGUNAS PREGUNTAS QUE DEBES RESPONDER:

¿QUIÉN ESTÁ DETRÁS DE ESTE LIBRO?

Especialidades 625 es un equipo de pastores y siervos de distintos países, distintas denominaciones, distintos tamaños y estilos de iglesia que amamos a Cristo y a las nuevas generaciones.

e625.com

¿DE QUÉ SE TRATA E625.COM?

Nuestra pasión es ayudar a las familias y a las iglesias en Iberoamérica a encontrar buenos materiales y recursos para el discipulado de las nuevas generaciones y por eso nuestra página web sirve a padres, pastores, maestros y líderes en general los 365 días del año a través de **www.e625.com** con recursos gratis.

zona de contenido
PREMIUM

¿QUÉ ES EL SERVICIO PREMIUM?

Además de reflexiones y materiales cortos gratis, tenemos un servicio de lecciones, series, investigaciones, libros online y recursos audiovisuales para facilitar tu tarea. Tu iglesia puede acceder con una suscripción mensual a este servicio por congregación que les permite a todos los líderes de una iglesia local, descargar materiales para compartir en equipo y hacer las copias necesarias que encuentren pertinentes para las distintas actividades de la congregación o sus familias.

¿PUEDO EQUIPARME CON USTEDES?

Sería un privilegio ayudarte y con ese objetivo existen nuestros eventos y nuestras posibilidades de educación formal. Visita **www.e625.com/Eventos** para enterarte de nuestros seminarios y convocatorias e ingresa a **www.institutoE625.com** para conocer los cursos online que ofrece el Instituto E 6.25

¿QUIERES ACTUALIZACIÓN CONTINUA?

Regístrate ya mismo a los updates de **e625.com** según sea tu arena de trabajo: Niños- Preadolescentes- Adolescentes- Jóvenes.

¡APRENDAMOS JUNTOS!

INSTITUTO e625

CAPACITACIÓN MINISTERIAL ONLINE DE PRIMER NIVEL

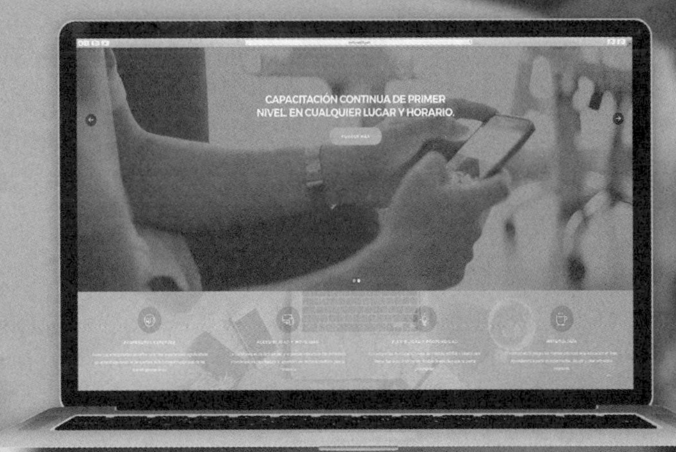

CONOCE TU CAMPUS ONLINE

www.institutoE625.com

Sé parte de la mayor COMunidad de educadores cristianos

Sigue en todas tus redes a
/e625COM

¡Suscribe a tu iglesia para descargar los mejores recursos para el discipulado de nuevas generaciones!

zona de contenido
PREMIUM
SUSCRIPCIÓN POR IGLESIAS

   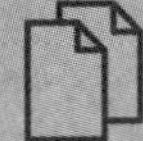  

Libros, Revista, Audios, Lecciones, Videos, Investigaciones y más

e625.com/premium

INSTITUTO e625
Educación online
www.institutoe625.com
Libros Online
e625 Escuela de Liderazgo
GENERACIONAL Y COACHING
Revista Líder 625
CONOCÉ TU NUEVO CAMPUS ONLINE
www.institutoE625.com
Tienda con envíos internacionales
Suscripción de materiales premium para iglesias
Seminarios para iglesias locales
www.e625.com te ofrece recursos gratis
Eventos de actualización ministerial
Chat en tiempo real
E625 te ayuda todo el año